中国高等院校"十二五"
精品课程规划教材

色彩基础

COLOR BASICS

李峰 邓凌虹 邓后平 编著

中国青年出版社

CONTENTS

目录

CHAPTER 3
色彩与感知

本章主要介绍色彩与人的感知系统的关系。通过对色彩的基本要素与属性和视觉与色彩的关系的介绍，深入讲解了色彩对人感知系统的影响。

CHAPTER 4
构成画面的色彩

本章主要介绍色彩在画面构成中的作用。通过对画面中形与色的关系，色彩之间的关系以及色彩的构成形式的介绍，深入分析了色彩对画面构成的影响和作用。

CHAPTER 5
描绘中的色彩体验

本章主要介绍色彩在实际绘画中的应用和方法。通过对课堂写生及外光写生的介绍，深入讲解了色彩在绘画中的实际应用方法。

CHAPTER 1

认识色彩

■ 课题概述

本章主要介绍色彩的基本概念。通过对时空中的色彩，气候与环境对色彩的影响和东西方色彩观念异同的介绍，深入了解色彩在时空中与艺术中的基本概念与应用范围。

■ 教学目标

通过对色彩基本概念的了解，能够掌握一些基本的色彩观念和原理。

■ 章节重点

了解色彩的基本概念、各种对色彩影响的因素以及基本的东西方色彩观念的异同。

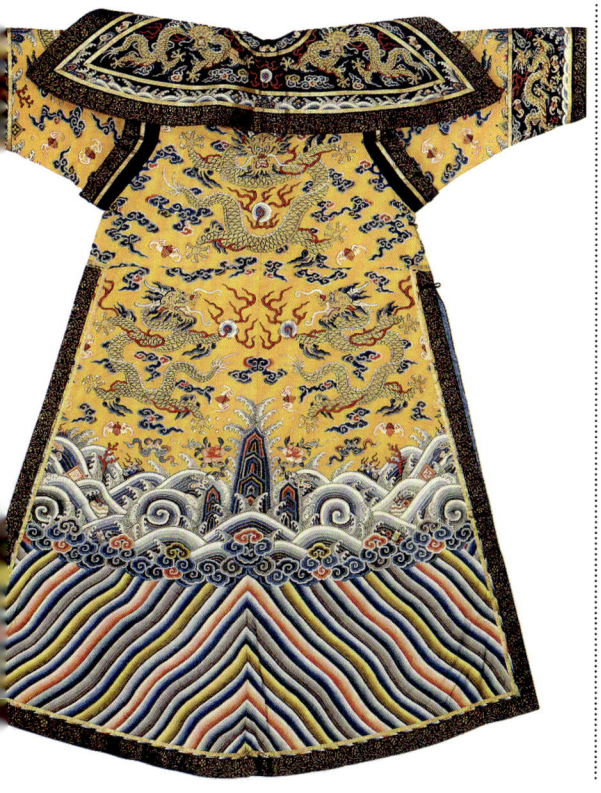

1.1 时空中的色彩

我们生活在一个色彩缤纷的世界里，在我们的生活中色彩无处不在。

我们所见的色彩包括了自然存在的色彩和受人为影响的色彩。

1.1.1 自然的存在

自然界中的色彩是最为丰富的，既有鲜艳的颜色，也有灰暗的颜色，各种颜色又有着无数变化的层次。

从宏观的角度看，大自然的色彩不仅仅是所有事物本身颜色的总和，还包含了它们的无穷变化。它们的变化能够体现时间，它们的存在能够显示空间。

当我们闭目回想四季，便能够找到相对应的那些色彩。春天到处都是鲜嫩的粉花绿草，夏天又换成浓浓的柳绿花红，秋天是金黄的熏风，冬天又变成灰色的苍茫……这是处于温带地区人们的共同感受。（图1）

人们对自然界的色彩有着直接的反应和累积的经验。自古以来，当树梢吐出嫩绿，正是阳春三月，人们便去踏青、春游；当绿色褪尽，便到秋高气爽，登高赏红叶的时节……中国人有着很多与季节色彩有关的传统活动。（图2、图3）

图1_ 四季的颜色

图3_《万山红遍》李可染 1964年 纸本设色

图2_《游春图》展子虔（隋）绢本设色

自然界的色彩变化影响到了人们的内心，便有了"伤春悲秋"，感叹时光的流逝、人生的无常。

如果我们对比各种不同的地理环境，也能够找到它们各自不同的色彩样貌：绿色的草原、黄色的沙漠、蓝色的大海、青色的群山……我们时常用颜色来标识自己所处的空间和世界。

在湛蓝的天空下、辽阔的草原上，色彩的空间感是非常强烈的。正如著名的《敕勒歌》里所唱的，"敕勒川，阴山下，天似穹庐，笼盖四野。天苍苍，野茫茫，风吹草低见牛羊。"（图4）

中国古代诗词中充满了由色彩构成的意象，也体现出时间和空间的变化。我们能够身临其境于"接天莲叶无穷碧，映日荷花别样红"的夏日西湖；又可以体验"窗含西岭千秋雪，门泊东吴万里船"中的苍凉冬日景象。

自然界中的色彩还包括那些相对微观的部分。例如：绚烂多姿的海底世界中各种色彩鲜艳的生物、陆地上五颜六色的动植物、变色龙的奇妙身体、蝴蝶闪着光芒的翅膀、孔雀高贵而绚丽的羽毛……（图5、图6）

人们会赠送具有不同寓意的各种

图4_《阿旗的云》朝戈 1999年 布上油彩

图5_《玻璃球》米尔斯（美）2000年 布上丙烯

图6_《辣椒》阿列卡（以）年代不详 布上油彩

颜色的鲜花传达情感；人们会在居室中置一缸五光十色的热带鱼给自己带来生活的惬意……在很多时候，人们只需要把这些自然存在的色彩采集起来便能够得到无法用言语形容的审美感受。人们时常为了追求自然之美的永恒，用尽各种方式去记录它们、保留它们，让它们出现在自己的生活中，而这也是一切造型艺术的源泉之一。

1.1.2 人为的影响

在大多数情况下，人为影响的色彩就是人们由于一定的目的对自然界中的色彩的提取和再使用。这样的色彩一般多体现在人的装饰行为和审美活动中。

在绘画方面，无论东西方，自从远古时期在洞窟石壁上进行绘画开始，直到现在，我们所使用的材料（特别是颜料），大多来自自然界，属于天然颜料。人们使用从各种植物、动物和矿物中提取的颜料进行艺术创作。直到近现代，才出现了人工合成颜料，比如丙烯颜料。使人们能够应用的颜料种类更加丰富。（图7~图18）

图7_红褐色——赭石（赤铁矿）

图8_使用赭石绘制的芬兰史前岩画

图10_使用石黄绘制的古埃及壁画

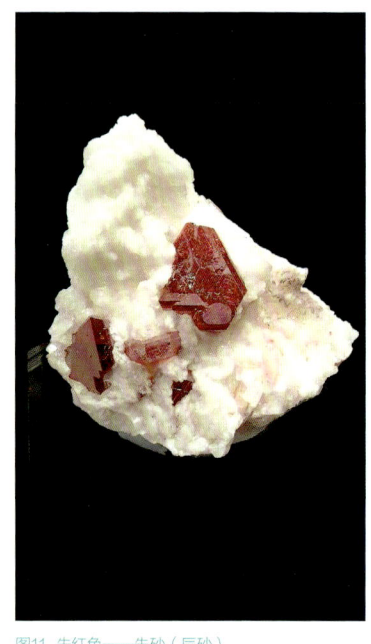

图11_朱红色——朱砂（辰砂）

图9_橙黄色——石黄（雌黄）

图12_使用朱砂绘制的汉代帛画局部

图13_蓝色——青金石

图14_古代匾额的蓝色地子用的是青金石

图16_《关羽擒将图》商喜（明）绢本设色中国画中使用的石绿

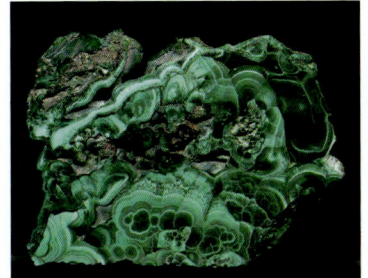

图15_绿色——石绿（孔雀石）

图18_绘制唐卡的矿物颜料

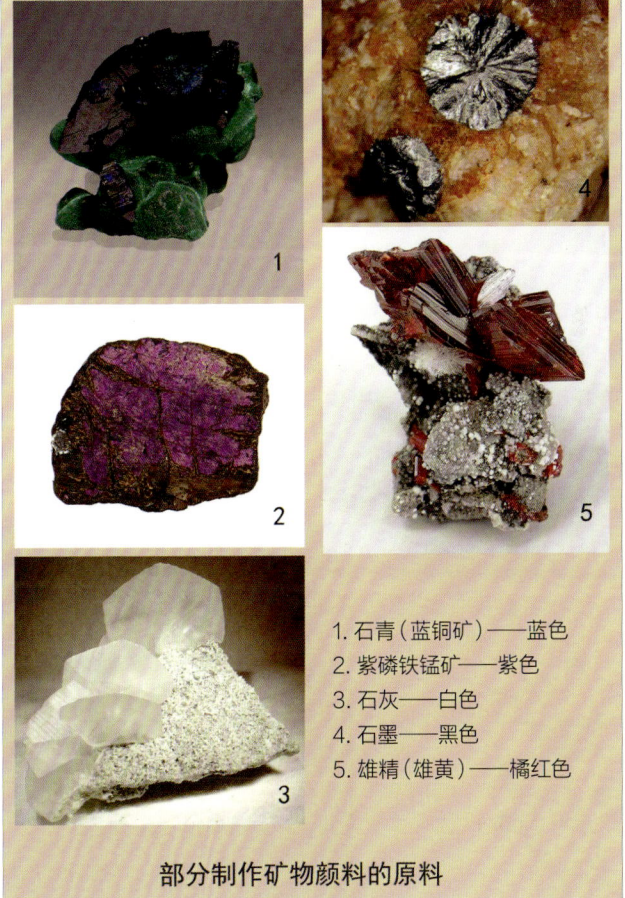

1. 石青（蓝铜矿）——蓝色
2. 紫磷铁锰矿——紫色
3. 石灰——白色
4. 石墨——黑色
5. 雄精（雄黄）——橘红色

部分制作矿物颜料的原料

图17_矿物颜料

绘画艺术中的色彩可以简单概括为模仿自然和表现心灵两大类，前者用颜色竭力地去表现客观存在的各种物体的形象和颜色；后者则利用色彩对心理的影响作用进行表现，色彩的使用是主观的。

在历史上，各种颜色的服装也是使用从自然界提取的材料对丝线进行染色之后织成布料制作的。中国古代先民很早就掌握了多种植物染料的性质，利用植物染料，是我国古代染色工艺的主流。（图19～图26）

多彩的服装不仅装点了生活，更能够体现出民族的不同、阶级的划分和文化的差异。

在古罗马，贵族的服色多为深红、鲜红或乳白，平民的服色多为深灰、浅灰或褐色，只有罗马皇帝可以穿戴

图19_ 植物染料-柘黄（柘树）

图20_ 植物染料-柘黄 清代龙袍背面

图21_ 植物染料-"中国绿"冻绿（鼠李科）

图22_ 植物染料-中国绿（清代旗人女服）

图23_ 植物染料-靛蓝（板蓝根）

图24_ 植物染料-《刘海戏金蟾》湘西凤凰蓝印花布

图25_ 植物染料-红（茜草）

图26_ 植物染料-《绛红纱印彩绣袏直裾绵深衣》（长沙马王堆一号汉墓出土）

紫色的服装；封建集权专制的古代中国，视青、红、黑、白、黄为五种正色，其余颜色则为间色。正色多为上等社会专用，而黄色则成为帝王的专用色和皇权的象征。（图27、图28）

现代中国在一段时间里由于意识形态的影响，人们的服装色彩呈现出的是"全国一片蓝绿灰"。改革开放后，我们的着装呈现出了不断变化着的流行色和时尚款式，非常多姿多彩。（图29）

自古以来，人们的装饰品大多都是对自然材料的使用和加工，例如玉器、珠宝、琉璃、木质雕刻等，还有很多改变自然材料特征的实用器物，

图27_古罗马皇帝的服装

图28_明成祖朱棣像

图29_杂志封面上的现代时装

如瓷器、陶器、金属器等。

这些器物所具有的色彩以及它们在文化发展过程中所具有的各种各样的寓意，与各自的材质一起构成了装饰品的功能和价值。

人类自史前便有用各种颜色的玉石珠宝装饰自己的行为，直到今天，珠宝玉石仍然在我们生活中占有重要的装饰地位。其原因不仅仅在于它们的稀有，更重要的便是它们各种或夺目、或艳丽、或温润、或内敛的色泽吸引着人们的视线和内心。（图30～图34）

可以说，在人为的影响下，色彩成了人类社会的一个比较重要的组成部分、一个构件。

图30_《Kiffa非洲手工再生玻璃珠》毛里塔尼亚

图31_欧洲琉璃贸易珠

图32_《蟠螭玉剑珌》（西汉）哈佛大学福格美术馆

图33_《绿地粉彩缠枝莲瓷板》（清 嘉庆）

图34_《费斯珀"瑜伽"戈夫第20周年纪念胸针——温莎公爵夫人的珠宝首饰》1957年

1.1.3 时间的作用

现代人对古代文物所呈现样貌的感受受到了时间作用的影响。

文艺复兴壁画、中国古代石窟壁画的风化蜕变后所形成的色彩样貌是我们视觉思维中对它们的认知，我们永远不会看到它们当初的样子，即使用现代手段复原，也不会替代我们已经形成的视觉印迹。（图35～图37）

而时间对于古代艺术品的影响使得它们具有了更为丰富的审美特征。

现代文化遗产修复中的"修旧如旧"的理念，也不过是记录的"现在"的状态和样貌。

那些在博物馆里的古代绘画，它们具有只有时间才会赋予的色彩。例如文艺复兴时期的油画表面长时间的

图35_壁画 庞贝 公元1世纪

图36_《摩西的青年时代》（局部）波提切利（意）1481年 湿壁画

图37_《萨埵太子舍身饲虎图》敦煌第254窟

氧化形成的"包浆"层是这类艺术品所共有的美丽质感，那是很难模仿出来的时间的美；宋元山水画那发黄变暗的绢面与墨色共同形成了现代世界的人们对于中国古代绘画艺术的视觉印记。（图38～图40）

陕西眉县"杨家村窖藏"出土的逨鼎让我们知道了青铜器最初的颜色就像黄铜一样呈现出金黄色，但却还是改变不了我们意识里的青铜器样貌——或绿或黑、锈迹斑斑。在现代，辨别锈迹的颜色成为鉴别青铜器真伪的重要方式。因为不同的存在环境，青铜器形成了不同的锈蚀状态，呈现出的色彩样貌也不同，而这种锈

图38_《蒙娜丽莎》达·芬奇（意）1503年 木板油彩

图40_《秋窗读书图》刘松年（南宋）绢本设色

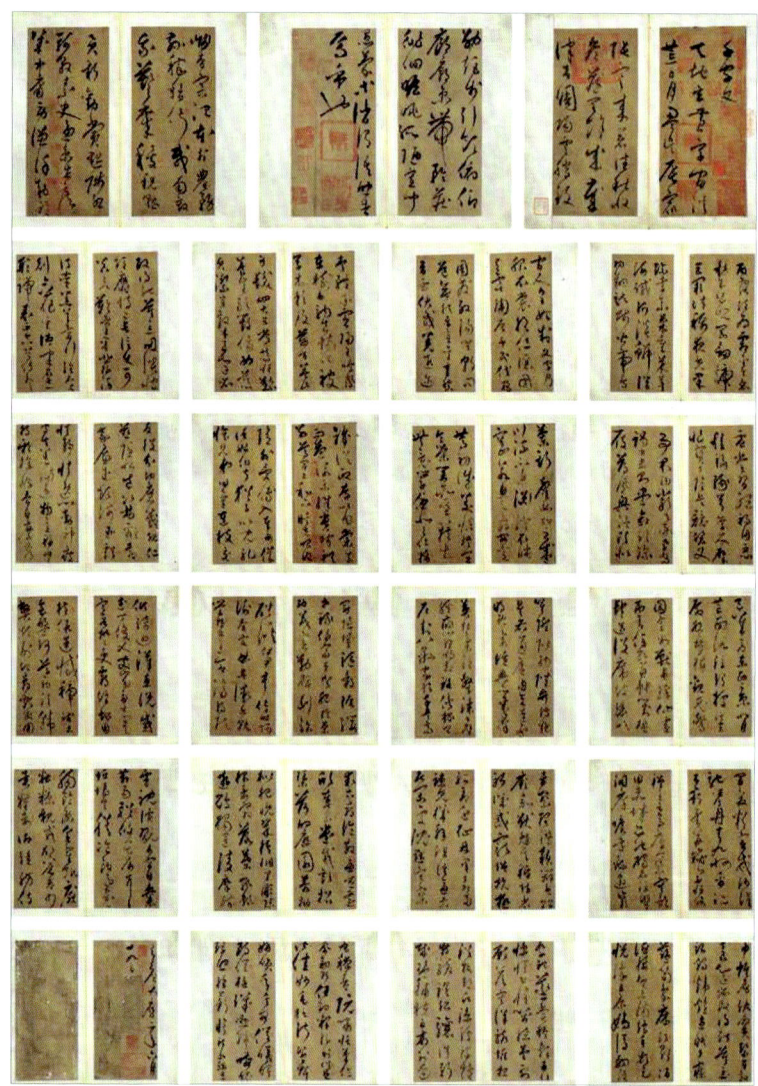

图39_《草书 千字文》（宋摹本）

图41_《逨鼎》及局部（西周）青铜

蚀的特征就可以作为鉴别真伪的标准。（图41）

　　中国人追求"天人合一"，中国文化认为人是自然的一部分。因此，特别喜欢在日常生活中布置很多具有自然属性的事物，如假山、根雕、盆景甚至于一座真实的园林。如果我们能够走进一间明代文人的书房，会看到很多使用自然材质做成的器物，如家具、玉器、竹子做的臂搁、硬木笔筒、象牙的摆件等，它们就像是文人心爱的"玩具"。而现在这些物品都具备了一个很重要的视觉特征，这便是由于长时间与人接触使得这些器物产生了颜色上的变化。这种时间作用下的变化有一个专有的词汇叫"包浆"。一些器物的包浆通常使得它们的颜色变得更深，具有幽然的光泽。直至今天，很多文玩物品也是基于这个原因而被大家所喜爱，而这体现出中国文化中特有的审美追求。（图42~图47）

图42_《访友图》（清）竹雕笔筒

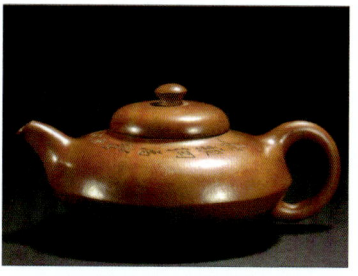

图43_《合欢壶》陈曼生（清）紫砂

图44_《冲天耳三足炉》（清 顺治）铜

图45_《罗汉》（清）竹雕摆件

图46_《莱州石供石》（清）

图47_古代书房场景 上海博物馆

1.2 气候与环境对色彩的影响

气候与环境对人类的影响是不言而喻的，是它造成了人们所具有的人种体貌、行为方式、社会构成方式、发展状态等方面的差异，它对各个地方不同文化特点的形成也产生了深层次的影响。

1.2.1 欧洲

阿尔卑斯山是欧洲一座重要的文化山脉，它割断了南欧吹向北方的暖湿气流，造成了欧洲明显的地理差异，影响了欧洲文化的整体样貌。

南欧（地中海沿岸）受到海洋气候的影响，较为适宜的环境使得葡萄种植业以及酿酒业非常发达，于是饮酒成为人们的日常行为习惯。海洋

与岛屿环境不适合大面积农耕，使得这一地域的经济活动主要依靠海上贸易，而海上贸易的频繁也使得人们的个性与性格趋于外向。南欧温暖湿润，光照强烈，人们在户外活动的时间很多，潜移默化间将人本身放在较高的位置，就更加关注和歌颂人的活动。古希腊哲学便将这一点体现得非常明显。即使是古希腊神话和古罗马神话中的神也体现出纯粹的人的欲望

图48_《安德罗斯岛居民欢庆酒神节》提香（意）1518-1520年 布上油彩

图49_《黑绘式安法拉罐》出土于意大利瓦尔齐 约公元前520年

图51_《拳击手》镶嵌画 公元1-2世纪 古罗马

图50_古希腊瓶画上的奥林匹克运动会题材

图52_壁画 古城赫库兰尼姆 1世纪 古罗马

图53_《劫掠吕西普斯的女儿》鲁本斯（荷）1615-1617年 布上油彩

与行为，而当时的宗教活动其实就是一种娱人行为。

以古希腊、古罗马人为代表，这一地域的人们体现出重视人本身欲望与追求的行为特点（竞技体育和奥林匹克运动起源于古希腊；古罗马人热衷于角斗竞技和假期狂欢），情绪表达强烈、主动，艺术表现上也体现出情绪的外向。公元前5世纪，古希腊哲学家普罗泰戈拉（Protagoras，前490/480-前420/410年）提出了"人是万物的尺度"，"人"成为一切研究的中心。而这一地区现存的绘画遗迹也可以看出画面中充满阳光下健康的、热情饱满的人物，色彩明快艳丽。（图48～图53）

相较于南欧，北欧的冬季漫长、寒冷，光照时间相对较短，地理环境较为严酷，其文化发展较为缓慢，在早期体现出来的是北欧蛮族艺术，在自然条件影响下神话色彩非常浓厚，其艺术表现形式中绘画较为少见。

自然环境的恶劣会使人对宗教、生存与死亡等命题进行冷静的思考，而这种思考下所形成的文化也影响到了绘画艺术，这一地域的绘画风格到了文艺复兴时期，便体现出冷静的、严谨的、情绪内敛的样貌，其色彩表现也是如此。

19

欧洲从南到北、由东至西的气候与环境差异使得它的民族与文化呈现了多样化的面貌，从而影响到了不同地域的艺术风格。（图54~图57）

在欧洲，影响艺术中的色彩的重要因素在于气候的差异，而对于中国艺术中的色彩影响最大的是地貌环境。

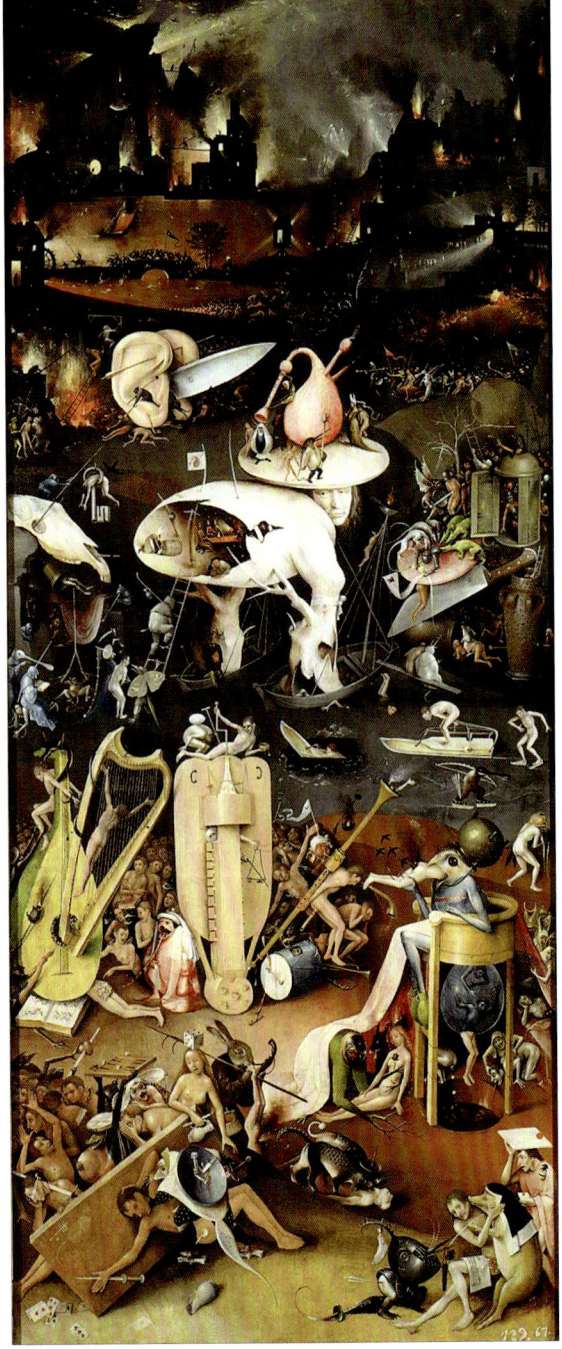

图54_《乐园（一）》博斯（尼德兰）1466年 木板油彩

图55_《乐园（二）》博斯（尼德兰）1466年 木板油彩

图56_《北极海希望号的遇难》弗里德里希（德）1823年 布上油画

图57_《沙漠中的基督》克拉姆斯柯依（俄）1872年 布上油彩

1.2.2 中国

气候与环境的差异使得中国的文化和欧洲的文化截然不同,形成了完全不同的文化精神和样貌。

中国的面积广阔,地形多样,气候条件差别很大。但是,中国整个的地理环境具有自我封闭的特点,在其历史发展的中心区域,地形变化对于气候的影响又相对没有欧洲那么明显。因此,在数千年的发展中结合其他因素形成了整体上具有独立的文化共性、区域上各具特性差别的迥异于其他世界文明的统一多样的文化系统。

这一系统又在与外界的交流与融合中产生着变化。丝绸之路的开通、佛教的传入、人口的迁徙、北方草原文化与中原农耕文化的交汇都影响着中国文化的形态。

对中国的色彩影响最大的应该是广袤国土上多变的地貌,特别是南北方所具有的环境差别。

"南方"和"北方"在中国人的心中是一个文化的心理概念。北方是浑厚、粗犷的;南方是柔美、细腻的。

北方和南方的山川样貌直接影响了中国山水画。唐代的山水画出现了"北宗青绿、南宗水墨"的状况,即是北方画家多用青绿和金碧描绘黄河流域四季分明、雄浑旷远的山川地貌;而南方画家则用墨色浓淡表现江南丘陵的氤氲淡远。这种客观对象的差异变化在五代两宋时期的山水画中体现得更为明显。(图58~图62)

图58_《春山行旅图》李昭道(唐)绢本设色

图59_《夏景山口待渡图》董源(五代)绢本设色

图61_《春山行旅图局部》

图60_《溪山行旅图》范宽（北宋）绢本墨笔

图62_《溪山行旅图局部》

南方湿润多雨的气候适合植物的生长，各种植物染料的发现和使用使得南方出现了具有鲜明特点的布匹品种，如广泛分布于南方的蓝印花布，甚至成了一些少数民族的特色工艺。（图63）

不同的气候环境下形成的人的思维和审美影响着对色彩的喜好。就像中国的瓷器，在唐代出现了"北白南青"的局面，突破了原来只有青瓷的状况。除了工艺技术上的原因，也和当时北方尚白的审美习惯有着一定的关系。（图64、图65）

1.3 东西方色彩观念对比

西方"就色论色"，东方"就色言他"。

两种文化系统的差异导致色彩观的不同。西方对色彩的认识倾向于客观，东方对色彩的认识则倾向于主观，这是由于认知世界的方式的不同造成的。

直到20世纪以前，西方人从认为所见的色彩是物体的固有色转变为色彩是物体在反射太阳光后所产生的不同效果，这体现出科学的发展和探索对色彩认知的影响。但是，始终不变的是，对色彩的研究始终基于"色彩是色彩本身"。他们运用物理的、化学的、光学的手段对色彩的物理性质和自然属性进行透彻的研究，即使是有主观因素，也是将人们对色彩感知的心理反应作为一个客观形态进行研究分析。

古希腊哲学家赫拉克利特（Her-aclitus，约前530－前470）最早提出了"艺术模仿自然"的原则。在这一原则的发展与指导下，欧洲造型艺术中的色彩观念便是追求客观的再现。

达·芬奇（Leonardo da Vinci，1452年－1519年）说过，"绘画是一门科学。"这句话体现出西方绘画对客观事实的追求，而写"实"便包括色彩的真实，及客观物象的本来之色。视绘画为"科学"，则绘画技术和绘画观念便相应科学化。据此，涉及绘画的一切问题，如客观对象的物理特性、光的问题、材料问题和技术的训练，无一不是科学的。这一科学主义的写实传统，直到19世纪的印象派出现才开始被打破，而真正的关注绘画的主观表达则要到后期印象派才得以产生。

图63_《戏曲人物》（民国前期）蓝夹缬

图64_《青瓷熏炉》（唐）

图65_《白瓷净瓶》（唐）

将色彩作为一个对象来研究，西方人的态度是客观的。

中国传统色彩观从其雏形阶段就与东方哲学的自然宇宙意识和天人合一的观念相联系，并不像西方把主体（人）与客体（色彩）分开研究。

在中国文化中，几乎不存在独立的、作为对象的单纯的色彩，而只存在一种具有内在指向性的、承载多重意义的、社会的、主观的概念性色彩。

中国的色彩观是建立在心理学上的。古人充分利用了色彩对人的心理影响，并且使得色彩的功用不仅仅限制在造型艺术的领域，还渗透到了社会心理和文化内涵中，以至于形成了制度化、哲学化的色彩。

我们知道，西方所谈的三原色指的是红黄蓝，而中国的"原色"则要加上黑色和白色。这是因为东西方的色彩分类原则是不同的。西方的原色是科学实验的结果，是建立在物质上的；中国的原色是与本土文化中"五行"观念有关的，是建立在精神上的。"东—木—青、南—火—赤、西—金—白、北—水—黑、中—土—黄"源于这种观念的色彩在中国艺术中便不可能只具有其物理特性和视觉状态。中国文化中所谈的"色"要比西方人的"色彩"指向的范围更加广阔。于是，在中国人的艺术表现中，便不会去追求客观世界光线的变化，色彩在绘画中也变成了一种视觉标识物。所以，中国绘画最高的形式表现和主题表达是

只有黑白两色的水墨画，鲜艳的色彩只有在日常和民俗生活的描绘中才能够出现。（图66、图67）

图66_《自画像》丢勒（德）1498年 木板油彩

图67_《元世祖忽必烈和皇后察必像》刘贯道 13世纪 绢上设色

25

CHAPTER 2

艺术中的色彩

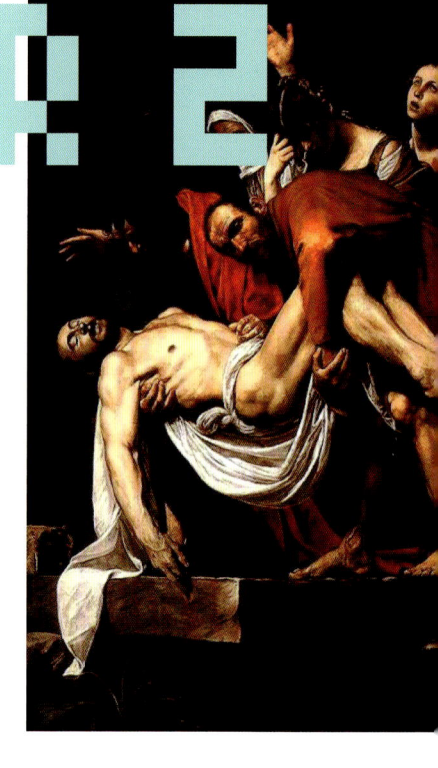

▌课题概述

本章主要介绍色彩在艺术作品中的应
用。通过对澳洲艺术、中国艺术和现
代艺术与设计中的色彩应用的介绍，
深入分析了色彩在各种时期和风格艺
术作品中的作用和影响。

▌教学目标

通过了解色彩对艺术作品的影响，能
够掌握色彩的基本特性和作用。

▌章节重点

了解色彩在各种不同时期风格艺术作
品中的作用和影响。

2.1 欧洲艺术中的色彩

经过漫长的发展，西方绘画中的色彩形成了模仿与再现自然、科学与美学并重的色彩体系。但是，在二十世纪初，西方绘画理念发生了重大转变。色彩脱离了模仿与再现的传统、摆脱了自然与科学的限制，开始从以主观的、个性化的、表现性的色彩形式来表达画家的情感与观念。这种色彩的独立表达对现代设计艺术具有根本性的影响，是我们习以为常的色彩规律的主要基础之一。

2.1.1 神圣之光——神的色彩

通过现存的西方早期绘画，我们可以看到，在其产生和发展的很长一个阶段里，色彩是依附于对客观世界的再现而存在的。在早期人类的洞穴壁画中，色彩受制于环境所提供的材料。人们使用烧火后剩余的木炭、有色土壤和矿石粉等这些天然的材料进行绘画，所描绘的方式相当于现在的素描。这一时期的壁画，只有铁矿石粉呈现的红色和赭石矿土呈现的褐色与黄色，其他色彩非常少。而这些颜色的使用是依附于再现客观对象的形体素描关系的，不具有独立表达的作用。这些早期绘画体现出这个时期人类对于绘画色彩的认识和应用是一种自发性的本能。（图1）

阶级社会建立之后，在古希腊和古罗马时期的绘画中色彩得到了很大发展。古希腊哲学家亚里士多德（Aristotle，前384－前332）在《色彩学》中最早提出了原色：白、黄、黑。他主观地认为，光线就是颜色，物体的颜色随着光的颜色变化，认识到了物体色与光之间存在着关系。由此可见，古希腊绘画已经开始研究光线与色彩的关系，并且古希腊人也开始注意在绘画中运用技巧以造成视错觉，为求在平面上创造出立体的造型，这些都源于当时追求客观再现的绘画观念。从现存的古罗马壁画作品中我们可以看到，这一时期的绘画追求造型准确、形象逼真，整个画面呈现出简洁素雅的效果，色彩单纯而和谐（图2）。但是，从基督教统治欧洲开始，直到文艺复兴时期之前的1000多年里，西方绘画中的色彩更多的是具有主流社会观念的视觉工具。特别是在基督教统治人们思想的中世纪时期，表现光与色的唯一目的就是传达上帝的意志，体现神性的象征。中世纪的绘画中对客观世界的表现是概念化和程式化的，在画面里，几乎没有色调变化，色彩是平面的、具有象征性的，与超客观的、概念化的造型一起表达神的高不可攀和人的卑微。（图3～图5）

图1_《野牛》阿尔塔米拉洞窟壁画（西）10000年前

图2_《狄俄尼索斯的秘仪图》庞贝壁画（意）约公元60年

图3_《圣三位一体》安德烈·鲁勃寥夫（俄）15世纪 板上蛋彩

图4_《圣母与圣婴及两位天使》杜乔（意）1284年 板上油彩

图5_《查士丁尼大帝与其侍者》（意）公元547年 马赛克镶嵌画

文艺复兴时期的绘画，延续了之前的宗教题材，但所要表达的已经不是充斥于中世纪绘画中的宗教感和崇高的神性，而是追溯古希腊古罗马艺术中所传达的对人的理想美的歌颂，并用以实现新时代对人性存在的强化和提升。

文艺复兴时期的色彩主要是以固有色与明暗法结合的方式应用在绘画中，画面中的色彩体现出素描关系的明暗变化，缺乏条件色的冷暖变化。画面色彩的布局是为了表现画面的空间感而进行主观的处理，以表现固有色为主，通过色彩中的明暗关系处理技巧，能够很好地解决光影和色彩变化问题。文艺复兴时期的画家们确立了追求科学理性表达的写实主义传统，在他们的画面上，色彩关系是对素描关系的依附和从属。（图6）

下面两幅名作（图7、图8）是文艺复兴时期比较典型的色彩布局，不同的作者对画面色彩有较为一致的主观的设计和安排，如：前景为暖色，中景为绿色，远景为蓝色。色彩与造型一起构成的画面结构产生了较为深远的空间层次。

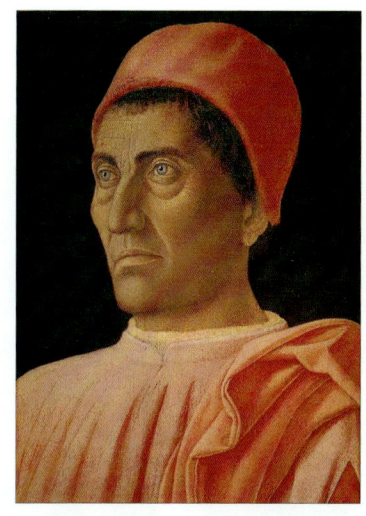

图6_《卡洛·德·梅迪奇肖像》曼坦尼亚（意）1466年 板上蛋彩

图7_《酒神祭》提香（意）1518~1520年 布上油彩

图8_《维纳斯的诞生》波提切利（意）1432年 布上蛋彩

从色彩角度而言，十七世纪的欧洲绘画仍然是文艺复兴绘画风格的继续和发展，而没有产生质的改变。（图9）这个时候，艺术家对光的研究与表现是走在对色彩的研究之前的，而色彩则仍然是"形"的附庸。（图10）

真正的色彩革命发生在十九世纪印象派产生之后。印象派的艺术家高度强调所描绘的是主观世界的内在感受，追求精神与情感的真实而不再是客观世界表象的真实。

2.1.2 取于自然——眼中的色彩

当欧洲绘画发展到了十七、十八世纪，产生了一种视觉的分化。在迎合宫廷趣味，注重唯美的潮流之外，还有一些艺术家热衷于对绘画本身的探索，他们更加关注自己看到的是什么，更关注于真实的、自然的表达。于是色彩在绘画中的地位较之以往也发生了一些变化。

荷兰是第一个资本主义国家，社会的多元化审美需要使得绘画的内容和形式也挣脱了神话和宗教题材的束缚，开始表现普通市民们的日常生活现象和优美多姿的大自然风光。而市民阶层对于视觉艺术的需求使得当时商品绘画市场得到发展，并且产生了适应于这一阶层的客观写实的风格。

维米尔（Johannes Vermeer，1632-1675）是荷兰画派中的一个善于使用光线与色彩的大师。在他的画面里，我们可以看到他精心设计的用光与布色。

图9_《勃鲁达的投降》委拉斯贵支（西）1934-1935年 布上油彩

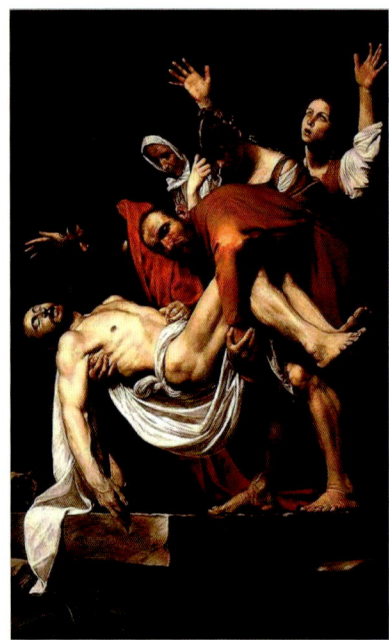

图10_《基督的下葬》卡拉瓦乔（意）1601-1604年 布上油彩

图11_《倒牛奶的女仆》维米尔（荷）1658-1660年 布上油彩

图12_《花边女工》维米尔（荷）年代不详 布上油彩

图13_《花边女工》局部 维米尔（荷）年代不详 布上油彩

维米尔的绘画通常表现的是室内光线的微妙变化，在表现物体的质地、色彩和形状上达到了煞费苦心的绝对精确，视觉效果却又柔和而坚实、稳定。维米尔在描绘光的具体手法上使用点彩法表现明亮闪烁的光斑，在画面上产生了明暗交替和虚实变幻的奇妙效果。（图11~图13）

十九世纪，英国画家透纳（William Turner，1775-1851）注重营造光线在建筑物或是自然景观上的效果，专心去描绘大海的光色和空气的变化。在对色彩的观察、分析和运用方面，透纳直接影响到了后来的印象主义运动。透纳自己曾说，描绘自然需要准确的观察力，他的绘画是他视觉经验的准确体现，而透纳的视觉经验正是他长期细致观察大自然的结果。

透纳的绘画摆脱了叙述性的主题和表现手段，强调了客观的光色变化和主观情绪的表达。而他绘画里的浪漫主义气息，则来源于自然界中的光色变化在他个人气质中产生的化学反应。（图14、图15）

巴比松画派从17世纪荷兰绘画和19世纪英国绘画获得启发，摆脱了古典主义艺术的虚伪和做作，摒弃了荷兰风景画中的摹仿手法，提出并积极实践"面对自然，对景写生"的主张。他们在风景画方面做出了巨大贡献，揭开了19世纪法国声势巨大的现实主义美术运动的序幕。（图16、图17）

相信自己的眼睛，从认识世界入手，观察世界，相信世界，描绘世界，赞美世界。

图14_《雨、蒸汽和速度——西部大铁路》透纳（英）1844年 布上油彩

图15_《燃烧的国会大厦》透纳（英）1834年 布上油彩

图16_《林间小道》霍贝玛（荷）1689年布上油彩

图17_《吉普赛女郎》哈尔斯 （荷）1628-1630年布上油彩

巴比松画派对自然界的光色有着写实性的表现。柯罗（Camille Corot, 1796-1875），被称为用天真无邪的眼睛去捕捉光线的最完美的画家，因为他只是单纯地去画大自然。（图18～图21）

后来印象派画家莫奈、雷诺阿等人将巴比松画派的现实主义风格发扬光大，他们的继承、创新与探索直接将欧洲绘画带进了印象主义的新纪元。

莫奈（Claude Monet, 1840-1926）是法国最重要的画家之一，他擅长光与影的实验与表现技法，长期探索光色与空气的表现效果，常对不同时间和光线条件下的同一对象作多幅的写生，从自然的光色变幻中表达瞬间的感觉。在莫奈的画中看不到非常明确的阴影，也看不到突显或平涂式的轮廓线。莫奈让自己的眼睛略过那些形体、结构，只去捕捉变换的光线和色彩。因此，他反复描绘相同主题的画作来实验色彩与光的完美表达。可以说，莫奈对风景中光影的变化的描绘，已到出神入化的境地。（图22～图25）

图18_《芒特的嫩叶》柯罗（法）1855年-1865年 布上油彩

图19_《阵风》柯罗（法）1866年布上油彩

图20_《牧羊女与羊群》米勒（法）1864年 布上油彩

图21_《暴风雨将临》特罗扬（法）1851年 布上油彩

图23_《有桥的睡莲池》莫奈（法）1919年 布上油彩

图24_《菜园和花树－蓬特瓦兹的春天》毕沙罗（法）1877 年 布上油彩

图22_《英国议会大厦》系列 莫奈（法）1901–1904年 布上油彩

图25_《舞蹈教室》德加（法）1873 年 布上油彩

新印象主义的修拉（Georges Seurat，1859-1891）则是在自己的艺术创作中直接实践光色理论，色彩作为一种客观的方式被使用。（图26~图29）

可以说，在这个时候，色彩还是一种被模仿的客观存在。

2.1.3 关注内心——心中的色彩

被美术史学家称为"现代艺术之父"的塞尚（Paul Cézanne，1839-1906）说："对于画家来说，只有色彩是真实的。一幅画首先是、也应该是表现色彩。"塞尚完全不去表现传统绘画题材中描绘对象的社会信息，也不是以表现对象光影和质感的传统方法来描绘，而是采用色彩造型法达到他一生追求的色彩与形体的结合，为此甚至不惜牺牲客观的真实。塞尚认为"线是不存在的，明暗也不存在，只存在色彩之间的对比。物象的体积是从色调准确的相互关系中表现出来。"色彩与形体的表现成了塞尚一生所追求的"造型的本质"。他摆脱了西方艺术传统的再现法则对画家的限制，引导绘画走向了现代。（图30~图34）

在这个时期，东方绘画中的色彩表现方式影响到了欧洲的画家，改变了西方人的视觉经验和色彩观念。在高更（Paul Gauguin，1848-1903）和凡·高（Vincent Willem van Gogh，1853-1890）的绘画中，他们各自吸收和实践了日本"浮世绘"的表现方法。

高更通过对"浮世绘"的吸取，在自己的作品中赋予线条以独立的地位。先用黑线条构出一个个封闭的轮廓，然后在各轮廓里平涂上颜色，注重色彩的和谐而不强调对比。高更选用颜色只考虑这种颜色的象征意义以及它与邻近颜色所产生的对比效果是否能产生"平面深度"的感觉。这些都与东方绘画的色彩观不谋而合。高更的画面色彩具有很强的装饰性效果。（图35、图36）

图26_《安涅尔浴场》修拉（法）1883—1884年 布上油彩

图27_《大碗岛的星期日下午》修拉（法）1886年 布上油彩

图28_《阿维农宫殿》西涅克（法）1900年 布上油彩

图29_《费里克斯·费内翁像》西涅克（法）1890年 布上油彩

图30_《苹果》塞尚（法）年代不详 布上油彩

图31_《一篮苹果》 塞尚（法）1890-1894年 布上油彩

图33_《圣维克多山》系列

图32_《圣维克多山》塞尚（法）1904-1906布上油彩

图35_《雅各与天使搏斗》高更（法）1888年布上油彩

图34_《穿红礼服的塞尚夫人》 塞尚（法）1890年 布上油彩

图36_《我们从哪儿来？我们是谁？我们到那里去？》高更（法）1897年 布上油彩

凡·高在尊重所见客观的基础上做必要的夸张,以达到"表现自我"的目的。他十分注重补色原理,经常把互补的各种笔触并列在一起,使其"彼此渗透以产生神秘的色调颤动"。(图37~图39)

马蒂斯(Henri Matisse,1869-1954)他也在绘画中向东方艺术吸取了许多平面表现方法,画面富于装饰感。马蒂斯的色彩表现风格对现代设计产生了很大的影响。(图40~图43)

印象派发展了光色理论在绘画中的作用,而后印象的大师则使用直接的方式将客观的色彩与自己主观的情感需求和对世界的认知结合起来。他们以色彩为手段,向取消客观自然的目的靠拢。自此,在欧洲艺术中,色彩成为一种可以单独表现情感的主体。在某种意义上,绘画的概念因此而改变了,绘画成了可以不依附物象的纯粹的色彩结构。于是在此后的半个世纪,欧洲绘画产生了根本性的变革,现代派艺术家们抛弃了对"形"的追随与模仿,最终走到了抽象主义。自此,注重客观"形"的写实绘画与注重主观"色"的抽象绘画成了并存的两个视觉形态,它们构成了二十世纪的艺术样貌。

图37_《盛开的杏花》凡·高(荷)1890年 布上油彩

图38_《阿尔的卧室》凡·高(荷)1888年 布上油彩

图39_《阿尔的卧室》凡·高(荷)1888年 布上油彩

图40_《奢华、宁静与活力》马蒂斯(法)1904-1905年 布上油彩

图41_《画家一家》马蒂斯(法)1911年 布上油彩

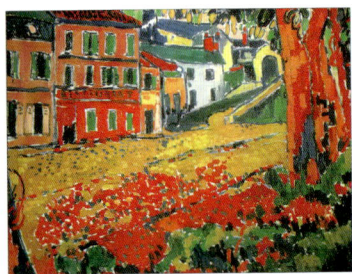

图42_《塞纳河畔的采石场》弗拉芒克 1904-1905年 布上油彩

图43_《威斯敏斯特大桥》德朗(法)1906年 布上油彩

2.1.4 装饰的色彩

工艺美术运动和新艺术运动是欧洲十九世纪中期至二十世纪初具有继承关系的两次艺术革新，它们的观念和实践整体地改变了人们的审美，将世界从工业革命后即将陷入机械化、物质化、经济化的境地拉回到人文主义怀中，对于后世的艺术和设计具有深远的影响。

工艺美术运动是源于英国的一次设计艺术革新思潮。其先驱威廉·莫里斯（William Morris，1834-1896）认为"美就是价值，就是功能"，他强调了功能与美的统一。在视觉上采用中世纪的纯朴风格，追求朴实诚恳的自然主义以及东方装饰艺术风格。而新艺术运动更大范围地影响到整个欧洲。新艺术运动更多地体现在对形式的关注，在依然注重自然主义和东方风格的基础上，结合了抽象性的造型，形成了以感性的有机曲线与非对称架构为特征的装饰风格，呈现富于动感、细腻优雅的审美情趣。（图44~图46）

资本主义的飞速发展和对世界的不断认识，使得欧洲人对于其他地域的文化充满了猎奇的兴趣，追求异域情调也反映到了人们的审美需求之中。

而从视觉艺术方面来说，注重精神性、象征性和装饰性的东方艺术为当时处于转型期的欧洲艺术提供了新的营养，这在当时大多数艺术家的作品中都有所反映。因此，在这两次艺术思潮中，也体现出这种特点，他们都注重对东方视觉艺术风格的吸收与借鉴，反映到色彩上则体现出了两种色彩观念在形式上的融合。

莫里斯的作品具有浪漫的诗人气质和深厚的历史气息。他强调手工技艺、拒绝机械工业，注重自然之美，突出人与作品的审美共鸣。

阿尔丰斯·慕夏（Alfons Maria

图44_《野玫瑰》壁纸设计 莫里斯（英）1917年

图45_壁纸设计 莫里斯（英）

图46_教堂彩色玻璃设计 莫里斯（英）

图47_餐具设计 莫里斯

Mucha，1860-1939）是捷克的著名画家，他画面里的色彩一直秉承着一种相对平面化的、介于自然与主观之间的唯美的装饰性追求。在他的很多作品中都用统一色调下的明度层次变化、冷暖色的弱对比来产生画面色彩的丰富性。他的作品受到日本艺术的影响，反过来又对二十世纪后期日本的唯美风格漫画产生了影响。

克里姆特（Gustav Klimt，1862-1918）是新艺术运动中的一个地区团体"维也纳分离派"中最重要的艺术家，他的绘画中造型是客观的，但组织形式和所使用的色彩是主观的。他在画面中用大量简单的几何图形构成基本结构，采用非常绚丽的金属色如金色、银色、古铜色和其他明快的颜色一起创造出极具装饰性美感的绘画作品。

图48_《四季-夏、春、秋、冬》阿尔丰斯 慕夏（捷克）1896年 海报设计

图49_《朱棣斯》克里姆特（奥）1901年 布上油彩

2.2 中国艺术中的色彩

中国艺术中的色彩,是有别于欧洲文化系统的,它是中国传统色彩观的体现。

这里的中国艺术,指的是五四运动之前的中国传统艺术,包括主流的绘画、匠人艺术、工艺品和民间美术。因为自五四以后,西方的语言方式、思维方式、行为方式改变了中国人,中国传统的色彩观也被西方的"科学"色彩观所替代,以至于到了今天,我们需要从过去的艺术中寻找和认识中国的色彩,但我们运用的却只能是西方的色彩观念和思维方式。当然,这肯定是有很大问题的,在文化多元化的今天,西方的色彩也与其他文化系统进行了融合,同时,现代艺术和设计的发展需要综合的、开放的色彩观念,作为中国人,我们更需要和应该学习中国的传统色彩。

认识中国的色彩,就需要了解和学习中国传统文化,因为中国的色彩是和中国文化统一在一起的,它不是一个可以独立存在的"他物"。这是我们作为中国的未来艺术工作者所需要时时做的功课。

2.2.1 礼制之色

在春秋战国时期,以儒道两家为代表的古典美学思想已经形成,以孔孟为代表的儒家色彩观和以老庄为代表的道家色彩观始终贯穿于中华民族的色彩审美意识之中,形成了独特的"五色体系"。

首先,"五色体系"的形成是继承远古人类对单色的崇拜,结合中国道家的宇宙观——"阴阳五行说",并与构成世界的其他要素:季节、方位、五脏、五味、五气逐渐发展而来的。"阴阳五行说"将"五行"与自然界中五方、五材、五季、五音、五德、五官、五脏等包括"五色"均配属其中。"五色"是色彩本源之色,是一切色彩的基本元素。五行结合生百物,五色结合生百色,所以在此五色论完全符合五行论的理论。

其次,儒家的礼制观念对五色体系提出了具体的标准和要求。商周时期,奴隶制等级制度和宗教礼仪非常严格,色彩成为"明贵贱,辨等级"的工具,以维护其统治阶级的利益。

儒家从"礼"的规范出发,最终实现"仁"的目的,极力维护周时建立的色彩典章制度。统治者把"五色"定为正色,把其他色定为间色,并赋予尊卑,贵贱等级的象征意义,分别代表君臣民的上下关系,色彩装饰不可混淆,更不可颠倒。

这种"礼制用色"体现在当时的服装、绘画和建筑活动中。服装用色和服饰形制一起构成了中国古代服饰制度,不可混淆的服色规范和约束了各个阶层的人们的行为,而建筑用色则规范了人们的活动空间。据《礼记》记载,"木盈,天子丹,诸侯黝,大夫苍,土黄圭。即帝王的房屋柱子用红色,诸侯用黑色,一般官僚用青色,至于百姓只能用土黄色。这种礼制用色在封建社会的发展过程中一直被使用,只是不同的朝代有些细微的差别。直到明清时期的权力之巅——紫禁城,它的墙也是红色的,而屋顶也昭示着中央之色——黄色。(图50、图51)

图50_故宫太和殿

图51_《杏园雅集图》局部 谢环 明 绢本设色

统治阶级的"五色观"影响到了人们的日常生活和社会活动。但是，在民间，各种实用工艺如漆器制作、烧陶与金属冶炼中，色彩是相对自由地按照符合审美需求来应用的。从古代文献记载和发掘出土的墓室壁画、帛画、纺织染色以及陶俑、漆器、铜器上丰富的色彩，可以看出距今二千年前我国的色彩科学技术与色彩装饰艺术的发展与繁荣。春秋战国时期的金银错技术把各种金属的色彩特征完美地融合到了一起，华贵精美至极；在汉代，"视死如生"的观念使得墓葬艺术反映了当时现实生活中的色彩形态而得到了强化；这一时期也是漆器发展的巅峰，其色彩状态具有典型的时代特征；靖安大墓中出土的战国丝织品的制造技术甚至是不能复制的，经历两千多年，艳丽的色彩仍然如新；现存的绘画实物就是马王堆帛画，其色彩的运用符合当时的道家五行观念。（图52～图57）

总之，在这种具有社会性、政治性的色彩制度中，色彩承载了更多的文化功能和社会功能，而对色彩本身的物理特性以及视觉特征和效果的科学研究则相对非常缺乏。

图57_《屏风漆画列女古贤图》北魏 木质漆绘

图56_《马王堆三号墓帛画》西汉

图55_熊虎搏斗错金铜镇 西汉

图52_《朱雀》河南洛阳卜千秋墓室壁画 西汉

图53_《太原娄睿墓门壁画》北齐

图54_《侍女陶俑》西汉

2.2.2 随类赋彩

随类赋彩，谈的是中国画的用色方式。可以解释为色彩与所画的物象外在特征的相似之处。

随类赋彩是画家对客观自然色彩的主观概括和主观情感的直接表达。中国画家强调从主观出发，与客观对象进行心灵的交流，因此，外在的光色被主观化，纯粹客观地表现事物的色彩便不可能了。

色彩对于中国画家来说始终是感觉化而非实物化的。所以，在中国画中，红色并不指这一种或那一种红，而是"红色"这个类别。这是中国画的用色方式，在这里色彩是标识性的、概念化的。因此，我们会看到，在那些古代绘画作品中，色彩是一致的。唐代绘画中的红色和明代绘画中的红色甚至没有任何差别。（图58、图59）

在中国画中，由于客观物象的形体结构再现并不是目的，所以光影便没有存在的基础，而线条描绘成为造型建构的基本方式。在中国画中忽略了光线或者说抽离了光线的，只去表现物象的固有色，而光源和环境色一般不予考虑。每一块颜色几乎都是平涂于线条限定的相应区域，色彩的饱和程度是靠着用水稀释的颜料的多次罩染获得的，即使有变化也只是明度上的增减。

在敦煌壁画中，色彩的装饰性功用使得它可以超越客观状貌，以强化的、夸张的方式呈现。在这里，外来宗教文化起到了很大的作用。这种装饰风格与本土色彩观念相结合，最终形成了宋元壁画中的用色方式，进而影响到后来的工笔画的发展。（图60、图61）

这种用色方式是中国的传统色彩观

图58_《步辇图》阎立本 唐 绢本设色

图59_《红衣西域僧图卷》赵孟頫 元 纸本设色

图60_《飞天》北魏 甘肃麦积山石窟76窟顶部 藻井局部

图61_《白玉龟台九灵太真母元君及主神》朱好古及门人 元 永乐宫三清殿西壁

作用下的结果，不仅仅出现在中国画中，还广泛的体现在中国的其他视觉艺术形式中。我们可以在古代瓷器、服装、建筑装饰等方面看到这种用色方式的衍生状态，它成了中国人视觉意识的主流。（图62、图63）

中国画自唐代之后，整体的色彩趋向是由绚烂趋于平淡，由缤纷趋向单纯。寓意性的色彩仍然在民间和工艺中绚烂，但上层艺术被一种独特的单色绘画所替代，最终，水墨画成为了另一种主流的形式，并且体现出了最高级的中国传统美学意义。

2.2.3 墨分五色

黑色和白色是中国色彩系统中的原色，而且在传统文化中具有极为重要的地位。

中国绘画存在着两种视觉特征形式，一种是设色，一种便是"水墨"。设色形式存在于各时期的宫廷与民间绘画中，而水墨则勃兴于宋代并延续至今，以至于成了中国画的代表形式。

中国水墨画显现的色彩只有两种，即黑与白。其中的白，更多的表现在画面上的是不着一笔的"留白"。而黑色则为"墨色"呈现。墨色是水与墨两种物质在绢帛和宣纸上的呈现，它能够独立完成绘画，能够表现物象丰富色彩的物质手段，水则是媒介。

虽然水墨画只有黑与白，却不能称为"黑白画"。同为"单色"样貌，但水墨画是截然不同于西方的素描表现方式的，原因便在于"墨分五色"。

传统的"墨分五色"又被称为"墨分五彩"，是水墨画里由于调入水分的多寡和运笔疾缓及笔触的长短大小的不同，造成的墨色的浓淡差别，从而使人感受到的明暗调子的丰富多变，而这种变化会让人体验到与色彩相同的心理感受。

从南宋米友仁（1074－1153）的《潇湘奇观图》来看，图中的丘陵和树林均用墨笔画出，但并未给人以黑山、黑树的感觉，相反，则有一种郁郁葱葱的色彩印象。中国绘画有许多内容是在画家的笔触之外，靠观众去感觉、体会的。（图64）

图62_《斗彩缠枝莲纹罐》明成化

图63_ 颐和园古建筑上的彩绘装饰

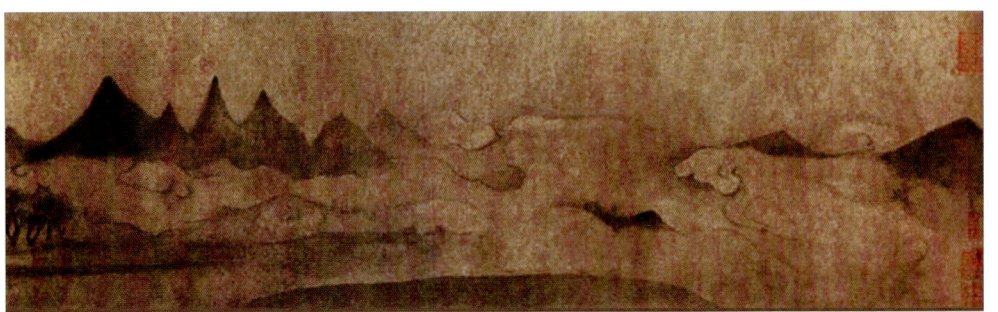

图64_《潇湘奇观图》米友仁 宋 纸本水墨

墨色可以分为"干、湿、浓、淡、焦"五种，其中"干"与"湿"是水分多少的比较；"浓"与"淡"是色度深浅的比较；"焦"则是极浓的墨呈现的结果。画面上的空白部分既"留白"，与墨色形成对比，一起构成了中国画的水墨世界。

用墨方法既"墨法"是实现"墨分五色"的手段。在中国画的表现手段中，墨法与笔法同等重要，笔通过墨来体现，墨通过笔来完成。传统的墨法有浓墨法、淡墨法、泼墨法、破墨法、积墨法、焦墨法等。（图65~图70）

图70_ 焦墨法-《焦墨山水》张仃 1982年 纸本水墨

图68_ 积墨法-《泛舟图》黄宾虹 现代 纸本水墨

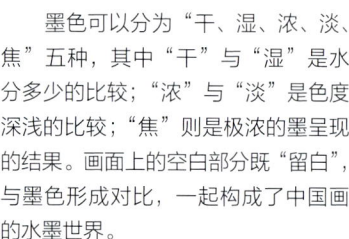

66_ 淡墨法-《华山图册》王履 明 纸上水墨

图69_ 泼墨法-《香远益清》张大千 现代纸本水墨

图67_ 破墨法-《墨葡萄图》徐渭 明 纸本水墨

图65_ 浓墨法-《万壑松风图》李唐 宋 绢本水墨

"墨分五色"影响到了中国的青花瓷器的装饰表现手法，清代康熙时期的官窑青花瓷器上的绘画便以浓淡层次的丰富著称。《陶雅》中记载："青花一色，见深见浅，有一瓶一罐而分之七色、九色之多，娇翠欲滴。"康熙青花甚至能分出多达九个层次。（图2-71）

需要指出的是，由于中国画家视黑白与其他色彩同样的地位，因此，水墨画并不拒绝色彩，墨还可以与色相互结合，形成墨与色的多样性互补。

2.2.4 喜形于色

中国民间艺术中的色彩深刻反映中国传统文化的精神，表达民间意识中对美好生活的向往和追求。在中国，纯的、艳丽的颜色总是在民间，代表着"俗"的文化传统，是直接运用色彩自身作用到视觉及心理的体现。

民间艺术中的色彩是中国传统色彩观的日常生活体现，但是它所呈现的样貌与官方艺术和文人艺术中的色彩样貌相比，具有完全符合民间需求的特点。

儒家思想对于中国色彩观的影响是决定性的。他们提出的所谓"比德"，即用色彩暗示人的美德。这种对色彩的功能进行的界定对后世中国色彩艺术史的影响是根本的，更直接影响了民族色彩观念。中国民间戏剧脸谱便清晰地体现出这一点。脸谱被赋予不同的色彩以特定的寓意，暗示所代表的不同人物的性格和品德。如：红色表示忠勇，黄色表示刚猛，黑色表示

刚直不阿，白色表示奸诈阴险。

色彩的寓意性深入到中国人的生活中。中国人在过春节或者婚嫁的时候，都会用红色来装饰，红灯笼、红色剪纸、红绸缎……象征喜庆、吉祥、

庄严的品格。红色的文化寓意在中国绝大多数地区和民族中是一致的，以至于世人将红色称作"中国红"，视为中国的代表色。（图72、图73）

在中国民间艺术中使用得最多的

图72_《山里的媳妇》王沂东 1997年 布上油彩

图73_ 地铁站设计

图71_《康熙青花山水人物纹盖罐》清 故宫博物院馆藏品

图74_ 杨柳青年画——《三多祝寿》

图75_ 绵竹年画——《三猴烫猪》（绵竹年画博物馆藏）

图76_ 朱仙镇年画——《麒麟送子》

色彩表现方法就是对比与调和，尤重前者。这一点在中国民间年画这一绘画形式中体现得尤为突出。

民间年画因其木版套色的制作手段，多用原色，强调色彩的对比，追求鲜明强烈的视觉效果，与节日气氛相适应。多年的积累形成了一套类型化、程式化的用色方法，体现在一些口诀中，如"要想俏，带点孝；要想精，带点青；黑配紫，臭狗屎；红靠黄，亮晃晃"等。

不同地域不同风格的传统年画也体现出色彩应用上的差异。天津杨柳青年画多用间色，且常在颜色中加粉，使得色彩对比和谐、色调柔和典雅；河北武强年画用色少而大胆，对比强烈；河南朱仙镇年画构图严谨，主题突出，线条粗犷流畅，擅用黄、紫、红棕色对比，脸部多用白色以突出五官；四川绵竹年画大量的原色加强对比，穿插以少量的复色以协调画面色调，"深配浅，酽配淡，深浅酽淡要周全"。（图73～图77）

民间服饰的色彩更是多种多样的，因为不同的地理环境、地域文化和民族习俗都影响着人们对服饰色彩的喜好。

在现代社会面前，一切传统色彩观念都受到了挑战，色彩的寓意性被削弱，转而强调色彩的视觉形式运用。不同历史和不同地域的色彩体现出不同的文化，而在经济主导下的所谓全球化的今天，色彩随着文化一起变成了消费对象，文化差异被削平，相对弱势的文化被冲击到几乎迅速消失的地步。假如全世界变成了只有一种文化形态，将是非常可怕的景象。研究、学习和传承传统文化、民族文化、民间文化是我们的责任。

图77_ 武强年画——《门神》

2.3 现代艺术与设计中的色彩

2.3.1 现代艺术中的色彩

由于二十世纪前半期的社会动荡影响到了人们的艺术观念发展，于是形成了多样化的艺术思潮，继而使得现代艺术也呈现出各种各样的风格流派，他们或是积极或是消极地反映着社会的一切状况，体现出明显的社会影响和时代特征。

未来派绘画对工业文明的歌颂，超现实主义绘画表现社会对心理和潜意识的影响，巴黎画派对现实的逃避转向对形式的追求，达达主义则走向了反艺术……画家们颠覆了传统绘画的艺术理念和表现形式，摆脱了传统的审美观念和写实传统，色彩既有优美高雅的，也有苦涩辛辣的，有的追求视觉的愉悦与和谐，有的则强调心灵的躁动与不安。（图78～图80）

现代艺术强调视觉的感受和艺术形式的创新，醉心于主观世界的表达，体现出观念的变化和对传统的破坏。

现代主义艺术超越再现和表现的功能，色彩成为具有独立意义的表现手段和情感表现主体。现代艺术家不再抄袭自然，不再模仿光线，他们改变了色彩关系，强化色调中的色彩表达和对色彩的强烈感受与心理情绪，色彩的主观感情逐渐形成。

主观感情色彩的表现是现代艺术的主要特征之一。

我们可以从表现主义绘画中体会

图78_《城市在上升》波菊尼 (意) 1910年 布上油彩

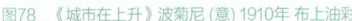

图81_《十字架》古图索（意）1941年 布上油彩

图79_《新娘的婚纱》 恩斯特 （德）1939年 木板油彩

图80_《驯狮人与狮子》藤田嗣治（ 日）1930年 布上油画

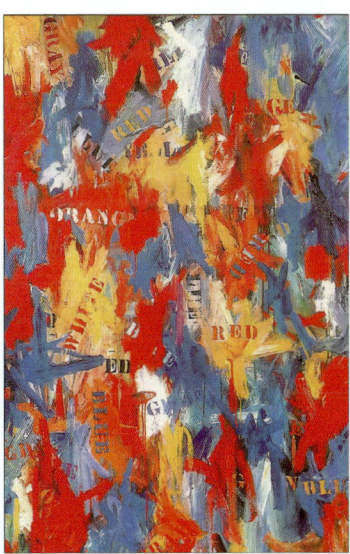

图82_《偷跑》约翰斯（美）1959年 布上油彩

这种主观情绪的表达甚至宣泄，画面色彩变得自由和任性，无所拘束；也可以从抽象绘画中体味色彩自由地传达纯粹的、直接的情感及其寓意。（图81、图82）

2.3.2 现代设计中的色彩

现代设计中的色彩强调了功能性（寓意功能、情感功能），突出了时代性（紧密反映时代审美变化和公众审美需求），技术上消除了地域性，观念上加强了本土性，视觉上追求个性化，审美上体现出多样性。

A 强调功能性

a 寓意功能

色彩的寓意性或者象征性的形成是受人们的生活经验、文化传统、社会心理所影响的，具体指某种颜色所能引起的人们能够共同感受到的抽象意义。对色彩的寓意性的应用是现代设计的主要方式，特别体现在一些具有国家心理和民族认同高度的设计中，如法国国旗中的红白蓝三色所对应的就是"自由、平等、博爱"，联合国的官方色彩是浅蓝色和白色，具有和平的象征。在现代体育运动中，运动员的服装色彩同样具有相应的寓意功能，以至于足球文化也成了一种色彩归属文化。（图83、图84）

b 情感功能

面对色彩，人的生理和心理反应是无法抗拒的，这不仅仅和人的经验有关，还是看到色彩必然获得的视觉刺激反应。现代设计非常重视利用色

图83_部分国家的国旗

图84_橙色风暴-足球世界杯上的荷兰球迷

彩引起主观的情感反应这一功能，如在现代室内装饰设计中，特别是一些特定的环境和场合，需要相适应的色彩搭配，如医院、学校、快餐店等；在大型文艺演出中，灯光和舞美设计的色彩要求符合主题情节需要，引起观众的情感共鸣。（图85、图86）

B 体现时代性

战争结束后的二十世纪中期，欧美经济的发展催生了消费文化的爆发，而作为满足消费需求的现代设计也相应地得到了飞速的发展。科技手段大量地应用于人的生活，改变了人们的生活方式、娱乐方式、行为方式和思考方式。

20世纪60年代流行艺术对现代设计产生影响。波普艺术强调设计的趣味性、色彩感，迎合了当时青年人的审美情趣，成为60年代反正统文化的一个内容，一个重要组成部分。当时还有光效应艺术影响下的光效应设计，即在画面上创造平面构成视错觉效果的设计。（图87、图88）

而在当代中国，自20世纪90年代始，消费文化也成了社会生活的主流。设计要与这种社会现状相符，而这种社会现状转而对设计提出了相应的要求，二者相互影响。

艺术与设计的界限开始变得模糊。当一切都变成"消费品"的时候，"设计"也变成了可消费的东西，设计元素的使用就变得无所顾忌，需求的差异消失了，地域和文化界限也变得模糊。因此，设计在视觉层面变得多元，观念层面则变得停滞。

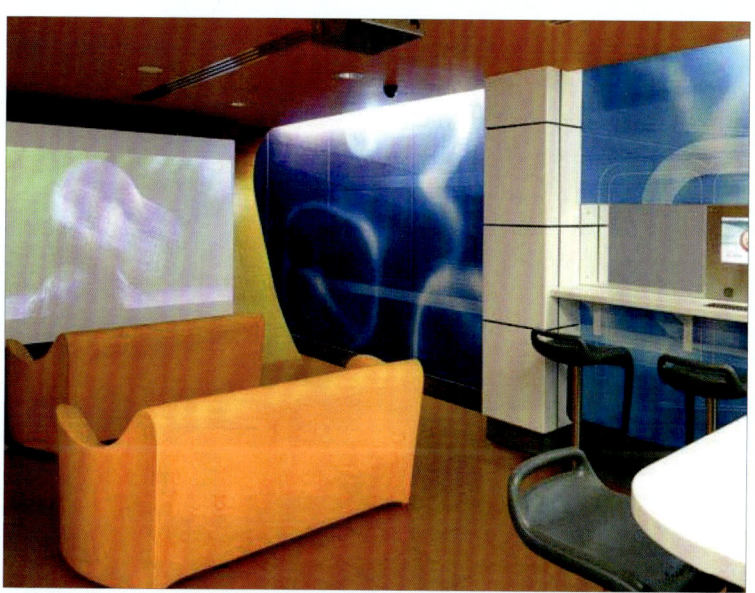

图85_英国麦当劳室内设计

图87_《南瓜》草间弥生（日）2002年 装置 瓷

图88_欧普艺术设计——《波纹眼镜盒》

图86_舞台灯光效果——《千手观音》舞蹈

C 地域性的弥合与本土性的彰显

技术的地域性差异被削弱甚至消失，特别是网络的普及和电脑技术的应用，使得世界变得更小。在资源共享的背景下，设计的地域属性、文化属性被解构和重构。

世界上的任何地方如果使用苹果电脑，便要接受它的设计观念、产品形式和功能。汽车工业发展到当代，资本运作下使得中国本土也可以购买全套的欧洲品牌汽车的产权系统和设计，地域性已经不再是风格标准。

在全球多样化的商业背景下，强化归属感的本土性文化特征成了构成设计创新的动力。例如中国国家实力的提升，使得中国文化符号在设计中得到广泛运用，形成了"中国风"的流行。（图89、图90）

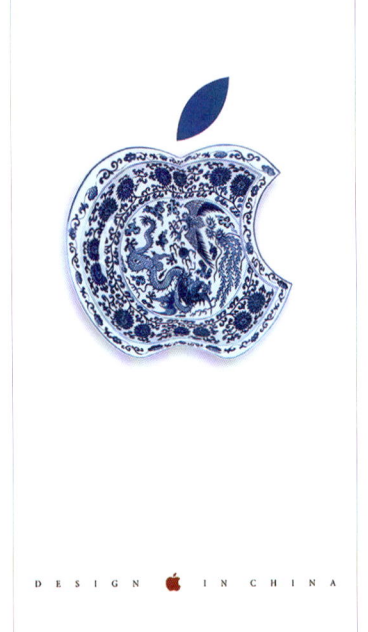

图90_《平面设计在中国——苹果电脑标志》

图89_包装设计 陈幼坚

D 个性化视觉与多样化审美

由于世界上任何地方的文化形态都可以作为设计的元素被应用，因此，设计更为个人化，个性化的视觉追求造成了多样化的审美。

现代设计注重对不同人群需求的分析研究，继而进行针对性的设计实践。人们的需求体现出人群差异、人种差异、年龄差异、性别差异等等。对应不同的需求，需要不同的设计。

在设计中注重挖掘内涵深度，体现个性化和多样化，是对标准化、工业化的一种逆反。（图91～图93）

图91_《哥特椅》Studio Job设计（荷&比）

图92_《世界名画系列-蒙娜丽莎》"乐高"积木

图93_朋克风格海报设计

CHAPTER 3

色彩与感知

课题概述

本章主要介绍色彩与人的感知系统的关系。通过对色彩的基本要素与属性和视觉与色彩的关系的介绍，深入讲解了色彩对人感知系统的影响。

教学目标

通过色彩的基本要素和属性的了解，能够掌握如何把色彩对感知系统的影响。

章节重点

了解彩的基本要素与属性。

3.1 光与色

光与色是色彩形成的客观基础。只有在此基础之上，才有色彩的审美特征、表达内涵和文化属性。

十七世纪60年代，英国物理学家牛顿（Isaac Newton，1643—1727）通过著名的"日光——棱镜折射实验"解释了太阳光是包含整个光谱色的白色。之后他还发现：非发光体的色彩首先取决于照射它的色光，其次决定于它们对投照光的反应。牛顿这个革命性的发现，推翻了亚里斯多德的"光就是色"的理论，使人们对光与色彩的关系有了更深入和具体的认识，为现代色彩理论奠定了科学的基础。（图1~图4）

牛顿之后，大量的科学研究成果表明，色彩是以色光为主体的客观存在，对于人则是一种视像感觉，产生这种感觉基于三种因素：一是光；二是物体对光的反射；三是人的视觉器官——眼。即不同波长的可见光投射到物体上，有一部分波长的光被吸收，一部分波长的光被反射出来刺激人的眼睛，经过视神经传递到大脑，形成物体的色彩信息，即人的色彩感觉。

光、眼、物三者之间的关系，构成了色彩研究和色彩学的基本内容，同时亦是色彩实践的理论基础与依据。

"色彩的产生是光对人的视觉和大脑发生作用的结果。"通过科学的研究色彩学家得出这样的结论。我们都会有这种经验：在没有月亮的夜晚，人们看不到任何清晰明确的颜色；当第二天太阳升起，丰富多变的色彩就呈现在我们的视线中，所以我们通过光的作用看到了这个绚丽的世界。牛顿的实验证明了明亮的太阳光线有7种颜色——红、橙、黄、绿、青、蓝、紫。具有正常视觉的人可以看到光的颜色，像早晨的太阳发着黄橙色，这是会发光的物体本身的色彩。而在生活中我们看到的红色的旗帜、绿色的蝴蝶幼虫、黄色的小鸭……它们所呈现的色彩都是阳光照在这些不透明的物体身上后反射出来的光线。夏天葱郁的树叶之所以呈现出绿色是因为它把阳光中的其他几种颜色全都吸收了，只反射出绿色色光，我们才能看到绿色的叶子。（图5、图6）

图1_基督在以马忤斯的晚餐》卡拉瓦乔 （意）1601年 油画

图2_《基督在以马忤斯的晚餐》局部

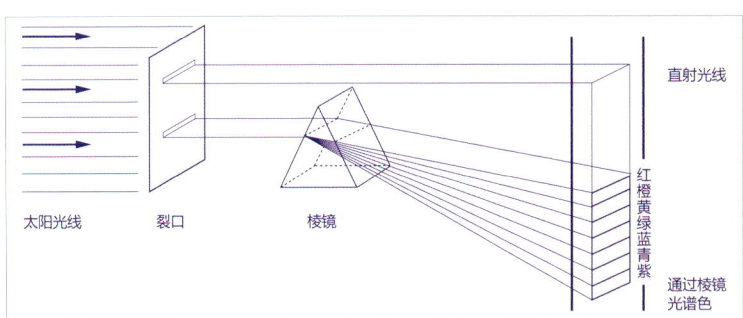

图3_光的色散示意图

（图中文字：太阳光线　裂口　棱镜　直射光线　红橙黄绿蓝青紫　通过棱镜光谱色）

图6_自然色彩呈现

图4_平克·弗洛伊德乐队《月之暗面》专辑封面1973年

图5_自然色彩呈现

当西方绘画发展到十九世纪中期，色彩理论得到了更为深入和广泛的实践。色彩作为绘画中原有的一个组成部分，被印象派及之后的艺术家作为能够独立表达的主体而使它的作用得到了扩展和提高。（图7、图8）

3.2 色彩的基本要素

色彩是一种涉及光、物与视觉的综合现象，我们要通过掌握一些色彩术语的含义进行学习。这些色彩术语，就是我们需要了解的相对于色彩感知而梳理和总结出来的基本要素和原理，同时，它们也是阐述色彩所必需的中介语言。

要明确的是，自由地使用色彩是我们进行艺术和设计创作的目的，这些基本要素和原理是我们认识色彩的工具，却不是学习色彩所获得的结果和达到的目的，也不能成为我们自由表现色彩的约束。

3.2.1 有彩色与无彩色

从外部特征上可以将色彩分为有彩色和无彩色。

有彩色指的是那些具备色彩三属性的颜色。

色彩理论中把可视光谱中的色彩红、橙、黄、绿、青、蓝、紫进行首尾相连，形成色相环来便于我们认识、学习和使用色彩。

无彩色系列是指可见光谱中看不到的黑色、白色、灰色。这三种色彩只有明度和色相，没有纯度的差别，这是和具备色彩三属性的有彩色所不同的地方。

无彩色不具任何有彩色倾向，但是在人的感受方面都完全具备彩色的性质，并且在色彩体系中起到不可或缺的作用。（图9～图11）

图11_无彩色示例

图10_有彩色示例

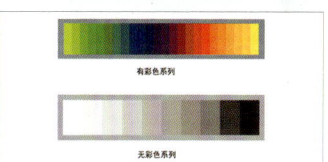

图9_有彩色与无彩色

图7_《睡莲》莫奈（法）1907年 布上油彩

图8_《白色中心》罗斯科（美）1950年 油画彩

3.2.2 色彩三属性

　　每种颜色有三种属性，既色相、明度、纯度。

　　色相，就是色彩的名字，指的是色彩的视觉样貌。

　　我们对色彩的第一认识就是色彩的色相，色相指的是不同色彩的样貌和称谓，我们肉眼能识别的色彩都有自己的名称。像红色的旗子，蓝色的大海，红色就是旗子的色相，蓝色就是大海的色相。色相表明了这种色彩是谁，而色彩的明度和纯度会体现它的具体特征和差别。（图12～图14）

　　明度，就是色彩的明暗程度，指色彩本身由于受光程度不同而产生的明暗变化。有色物体由于它们的反射光量的区别而产生颜色的明暗强弱变化，物体表面的光反射率越高，它的明度就越高。有彩色中明度最高的色彩是黄色，明度最低的是紫色的。每一种颜色加入白色就会提高明度，加黑会降低明度。只要在颜色中加入其他色彩，这种颜色的纯度都会降低。如蓝色加白会变成天蓝色，明度有所提高纯度却降低了。

图12_伊顿12色色相环

图13_色彩三属性的变化示意图

图14_《科利乌尔的山》德兰（法）1905年 布上油彩

画面中色彩的明度差别可以抽离成为一幅画的结构和骨骼，并且可利用色彩的明度区别体现立体感和空间感，所以色彩的明度结构是画面的基础。（图15）

纯度是指色彩的鲜度和浓度，也称为彩度、饱和度。它表示色彩中所含有色成分比例的多少。含有色彩成分的比例愈大色彩的纯度越高，反之含有色彩成分的比例越小则色彩的纯度就越低。高纯度色相加白或黑，可以提高或减弱其明度，但都会降低它们的纯度，如加入中性灰色，也会降低色相纯度。

有色物体色彩的纯度还与物体的表面结构有关。如果物体表面粗糙，其漫射、反射作用将使色彩的纯度降低；如果物体表面光滑，全反射作用就会使色彩比较鲜艳。

色彩的纯度变化，可以产生丰富的强弱不同的色相，在实际创作中，纯度高的设计视觉鲜明，引人注目，低纯度的设计则比较具有韵味与视觉上的和谐。（图16、图17）

图15_《平面设计》斯特凡 拉库特（罗）

图16_《巷道进口》格拉姆 苏仕兰（法）1939年 布上油彩

图17_white_trumpet_flower》奥基芙（美）1932年 布上油彩

3.2.3 色性

色彩从性能上分类，可分为暖色与冷色。

人对色彩有温度感，是源自人对物体的冷暖感受经验，属于一种联觉。

明媚的阳光、红色的火焰会让人感到温暖，郁郁葱葱的树林会让人感到清爽，蓝色的大海、白色的雪、冰川等会让人感觉寒冷。而色彩带来的这种感受差异，自古以来便已经融入了大多数人的血液中，成为集体的共性反应。实验证明，在相同温度下倾向于红橙色的环境让人感到温暖，蓝绿的环境使人感到寒冷，两种色彩环境给人的感觉能够相差3-4°C。（图18～图21）

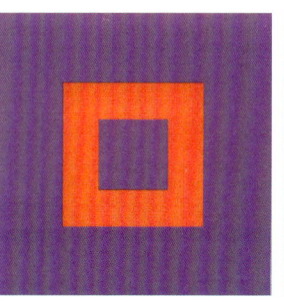

图18_冷暖

图19_伊斯兰风格室内设计

图20_《花天水地》
徐累2003年 纸本
油彩

图21_《圣特罗佩
的红色浮标》西涅
克（法）1895年
布上油彩

3.2.4 原色、间色、复色

原色是指其他任何颜色都调和不出来的三种色彩，既红、黄、蓝，而这三种颜色是其他色彩的基础，是构成各种色彩关系最基本的颜色。（图22、图23）

间色则是原色调和而成的色彩。三原色按一定的比例相混合，得到的颜色是理论上的黑色（实际呈现为黑灰色）；而用其中两种原色相混，产生的三个间色为：紫色（红蓝相混），橙色（黄红相混），绿色（黄蓝相混）。

另外，色光的三原色是朱红、翠绿、蓝紫这三种色光，它们是不能由其他色光混合出来。色光的三个间色则是：黄色光（朱红与翠绿相混），蓝色光（翠绿与蓝紫相混），红色光（蓝紫与朱红相混）。

图23_东山魁夷作品

图22_三原色

图24_《天使艾美丽》电影招贴设计

间色使色彩逐渐变得丰富起来，明度、纯度、色相本身及相互关系趋向多样和复杂，也使原色由强烈的对比走向基本的和谐，给色彩的表现注入了新的活力。（图24）

需要指出的是，以上关于原色的界定是西方色彩学的内容。由于东西方法色彩分类方法的不同，同样是原色，在中国传统文化中相对应的则指"赤、青、黄、黑、白"五种"正色"。间色指的则是五种原色相对应的"阴阳五行"之间的其他色彩。如"东为木，木色青，木克土，土黄，并以所克为间，故绿间青黄也。"

复色指的是原色与间色、间色与间色经过调和获得的颜色。

复色经过多次相加其中包含了相应的原色、间色的成分，由于各种颜色所占的比例不同而形成了不同倾向的色彩。（图25）

图25_《莎乐美》克里姆特（奥）1901年 海报设计

在西方绘画中,色彩要服务与形体结构,色调层次的变化表现基本上都是复色的应用。

3.2.5 对比色

在视觉中,两种并置在一起,可以明显区分、不具有共同性的色彩可称为对比色。它所呈现的色彩关系鲜明、强烈、刺激、有较强的对比效果和较大的视觉冲击力,是构成明显色彩效果的重要手段,也是赋予色彩以表现力的重要方法。其中包括色相对

比、明度对比、饱和度对比、冷暖对比、补色对比等。如三原色之间、三间色之间都互为对比色,黄和蓝、紫和绿、红和青,任何色彩和黑、白、灰,深色和浅色,冷色和暖色,亮色和暗色都是对比色关系。(图26)

3.2.6 互补色

一种原色与另外两种原色混合得到的间色互为补色关系,称为互补色。任何互补色都包含三原色。在色相环上,互为补色关系的两种色彩相距

180°,位于色相环直径的两端。如黄色与紫色、橙色与蓝色、红色与绿色,而这几对补色混合获得的均是理论上的黑色。(图27~图30)

3.2.7 物体色、固有色

如果我们在晴朗天气条件下观察一片树林,可以看到它在一天之中的不同时间呈现出的色彩变化。一般来说,早晨呈现出偏冷的灰绿色,而在中午光线强烈条件下,绿色变得明亮而饱和,到了黄昏,又变为了较暗的

图26_《两艘驳船》德兰(法)1906年 布上油彩

图27_互补色

图28_《向日葵》凡·高(荷)1887年 布上油彩

图29_《平面设计》斯特凡·拉库特(罗)

图30_《玉米图-老绿色》贾涤非 2004年 布上油彩

灰色，基本上看不出绿色的成分了。由此可见，同一物体在光线变化下会在我们的视觉中呈现出不同的色彩状态，而这些可变的色彩状态被我们称为"物体色"。我们看到的物体色是随着光的变化而变化的结果。（图31）

而当我们把绿色的树叶拿到红光的环境中时，呈现出了黑色的状态，而在蓝色的光线下树叶会出现蓝绿色的状态。尽管如此，我们的意识还是固执地认为树叶是绿色的，因为这是它在正常的白色日光下呈现出来固定的色彩特征，而对这一特征判断源于经验。我们在生活中需要一个相对稳定的、来自以往经验中的色彩印象，去表达物体的色彩特征，描述某一对象的色彩形象，而这被称为"固有色"。

（图32、图33）

从本质上讲，自然界不存在固定不变的颜色，所存在的只有物体色，也就是物体吸收其他色彩的辐射所反射的颜色。我们需要"固有色"这个概念是因为在日常生活中，对固有色的描述是人们相互之间交流所必需的。就像我们都能理解"绿苹果"代表什么，却无须追究和强调"绿"所具有的可能的差别。而在绘画与设计的表达中，固有色概念的使用具有现实性与象征性。在绘画中，固有色的特征具有很大的象征意义和现实性的表现价值。欧洲古典绘画的基本认知就是建立在"固有色"的基础上，然后才着重于色彩的明暗变化的。当色彩用固有色的关系表现在画面上时，

图31_澳大利亚艾尔斯岩在不同光线下呈现不同的物体色

图32_《金丝雀的翅膀》丢勒（德）1512年 纸上水彩

图33_《肖像之像—小罗》冷军 2005年 布上油彩

会让人感觉到真实，给人以现实主义的印象，但当固有色的印象被抽象出来使用时，色彩本身具有的象征意义就会凸显。

3.2.8 光源色与环境色

发光物体自身的有色光，这种色光称为光源色。光源色是可变的，任何物体的固有色在光源的影响下都会发生变化。在写生中需要特别注意客观环境的光源色。

日常生活中的光源色有日光、月光、电焊弧光、白炽灯光、火光等。这些色光的冷暖影响到我们对色彩的认识。如：一块红布在白炽灯下看起来颜色比较暗、暖，但在自然光下，红布就显饱和鲜艳了。

晴朗天气的室外，早晨、中午、傍晚的色彩也是不相同的。从早到晚，从天亮到天黑，色光从明到暗，周而复始。在早晨阳光照耀下，白房子倾向于橙黄色，中午变成了淡黄色，到了傍晚，夕阳下的白房子成了橙红色的房子。而阴天的时候，变暗的色光让白房子又变成了灰白色。

光源色不仅影响色相还影响明度的强弱和纯度的饱和程度。

不同的有色光源的照射会导致物体产生不同的色彩。如一块白色的衬布在红色光照射下，看上去会像块红布，换成绿色光照射就会变成绿布。可见，同一景物体在不同光源下会呈现出不同的色彩。光源色的有色光线是影响物体颜色的重要因素。

人为制造光源色在现代生活中很普遍，城市夜晚的霓虹灯造景、舞台上的灯光效果、餐厅中的柔和烛光，甚至在家居生活中也可以利用光源色选择调节室内气氛和自己的心情。（图34、图35）

图34_早晨光线下的城市

图35_《戴手套的歌者》德加（法）1878年 色粉笔

自然界中任何事物和现象都不是孤立存在的，一切物体色均受到周围环境不同程度的影响。

环境色是一个物体受到周围物体反射的颜色影响所引起的物体固有色的变化。它体现出物与所处的特定环境的关系。

一般来说，由于光源色的强度远胜过环境色的影响，因此环境色主要影响到物体暗部的反光部分。环境色对物体的影响是较小的，而且并不是在所有物体上都能看见环境色的影响，质地光滑的浅色物体对环境色的吸收与反射较明显，如表面抛光的金属制品、玻璃制品等表面所呈现出的颜色基本上就是环境色，而质地粗糙或颜色深的物体则对环境色不敏感，而且环境的差异也会影响到环境色的存在程度。（图36～图38）

在写生中，环境色体现出了一种主观的分析与选择。

3.3 视觉与色彩

人类长期生活在一个绚丽多彩的世界里，积累了许多视觉经验，当视觉经验与外来的色彩刺激发生对话时会形成同感效应，视觉经验的积累还与人的年龄、性别、民族、地域等个人的差异有关。

在人们眼中所反映出的颜色，不单取决于物体本身的特性，而且还与光源的光谱成分有着直接的关系。所以在人们眼中反映出的颜色是物体本身的自然属性与光线条件的综合效果。

我们可以根据视觉的色彩反映来表达我们的情感，因此，不同的颜色便具有了不同的情感内涵。人类对色彩共通的心理反应保证了不同地域的

图36_《睡莲-傍晚》莫奈（法）1904年 布上油彩

图37_《十六个亮点》米尔斯（美）1992年布上油彩

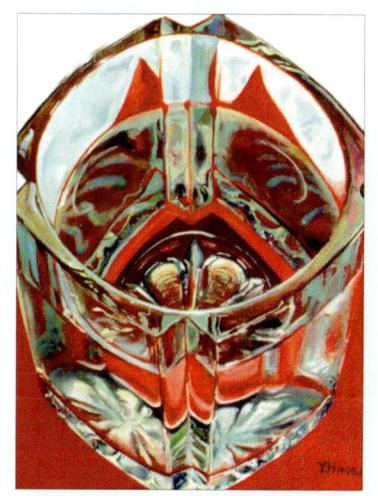

图38_《玻璃杯》喻红 1990年 布上油彩

图39_"沙漏"红绿灯设计方案

人可以利用相通的色彩语言进行交流。特别是在色彩的符号应用方面体现得更为突出，如红绿灯、黄色警告等等。（图39）

3.3.1 视觉的适应性

大家都有这种经验，当我们从明亮的室外走进一间较暗的房间时，眼前会突然一片黑暗，什么也看不到，几秒钟之后，眼睛才能适应，分辨出室内的物体。而当我们走出房间时，眼睛却能够较快地适应室外的明亮。这就是视觉的明适应与暗适应现象。

当这种现象反映在色彩的观察上，容易形成视觉恒常性色彩经验，被称为色彩适应。

我们走进一间光源色为黄色的房间时，刚刚进入时，能够感觉到黄色的光，但是一段时间之后，色彩感就会消失，因为我们已经适应了这种色彩，于是就将其忽略。正是这种经验也往往会给我们观察色彩和表现色彩带来某种误导，影响着我们观察和表现色彩的客观准确性。就像在黄昏写生时会被橙色或黄色的光源色所吸引，但随着在这一环境中观察、作画时间的延长，眼睛就会适应这种光源色，忽视这一色彩的存在。于是，在画面上这种最初吸引我们的色彩逐渐被弱化，甚至会出现将视觉经验中的固有色直接表现在画面上的现象。可见对色彩的第一认识，整体印象是尤为重要的，需要在绘画过程中不断地认识、强化。（图40）

3.3.2 错觉现象

我们对各种色彩有不同的感受，是由于物理上的色光现象和生理上的原因，眼睛对色彩产生不同的错觉，如：色彩的膨胀感、进退感、冷暖感、轻重感等几方面。

错觉是生理的必然性。

由于眼睛的晶状体自动调节的灵敏度有限，所以不同波长的光波在视网膜上的映像，就有了前后位置上的差异。红色的波长最长，依次是橙、黄等色，波长长的色光在视网膜的内侧成像，而波长短的绿、蓝、紫等色，则在视网膜的外侧成像，以致造成了

图40_《落水狗》剧照 昆汀·塔伦蒂诺（美）1992年

红、橙、黄等色显得比实际位置更近一些，绿、蓝、紫色显得比实际距离远一些的视错觉现象。

暖色、亮色、纯色具有膨胀、前进、轻盈的感觉，而冷色、暗色、浊色则具有收缩、后退、沉重的味道。

受心理因素的影响也会产生的一种色彩的错觉现象，被称为心理性视错或视差，主要表现为连续对比和同时对比。

连续对比指人的眼睛在不同时间段内所观察与感受到的色彩对比视觉现象，其表现为"视觉残像"。视觉残像是因为物体对视觉的刺激作用突然停止后，人的视觉感应并未立刻全部消失，从而产生的视觉神经兴奋状态延续下的遗留痕迹，它是眼睛连续注视的结果。

如果长时间观看红色的物体，停止观看后视觉便会出现红色的映像，这在视觉残像中被称为"正残像"，红色残像过后视觉中会出现红色的补色——绿色，这属于负残像。

同时对比指人眼在同一空间和时间内所观察与感受到的色彩对比视错现象。当两种颜色同时并置在一起时，颜色双方都会把对方推向自己的补色。像红色和绿色并置时，红色在绿色的对比下显得更红，绿色在红色的对比下显得更绿。并且在明度对比时，现象也是如此，黑色和白色并置一起，黑色显得更黑，白色显得更白。而一个灰色，靠近橙色就带蓝味，靠近蓝色就带褐味；靠近白色显得重，靠近黑色显得亮，这种种现象都属于色彩的同时对比。

无论是同时对比还是连续对比，实质上都是视觉生理现象，我们只有认识到它的具体特点，才能解决在生活和设计工作中出现的问题。（图41～图43）

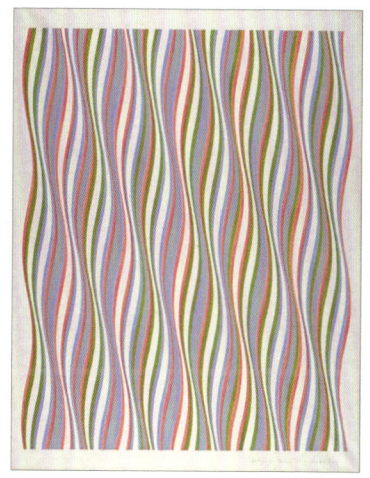

图41_《1974-诱惑 I 研究》莱利（英）1974年布上油彩

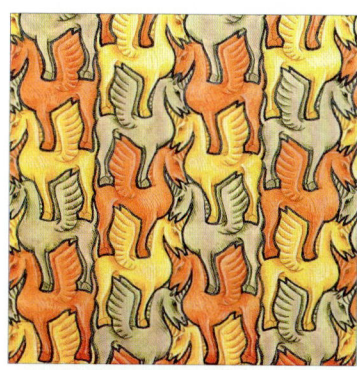

图43_《错觉设计》埃舍尔（荷）年代不详 套色版画

图42_《镜屋》草间弥生（日）1993年 装置

3.4 观看色彩

我们通过观看感知色彩。从接受角度来说，色彩的存在源于我们的感知。

除非是特殊原因，大多数人都能感知到色彩。人类对各种颜色的感受是基本一致的，这是我们学习和谈论色彩的基础。

自然界中的色彩关系总是微妙、生动而又带给人惊喜和享受，面对这些丰富多样的色彩，人们通常都会有所感受，而把这些感受主动地捕捉和有目的地表现出来是色彩基础思考和研究的内容。

康定斯基（Wassily Kandinsky，1866-1944）所说："色彩是直接能对心灵发生影响的手段"。

色彩可以引起观众的共鸣，即使没有一个明确的物象和主题，我们仍然可以感受到较为明确的情绪影响。主动地表现画面色调可以反映出主观的情感，而情感的表达是我们借用色彩对生理和心理的影响所进行的创造活动。运用色彩源于色彩对我们感受的影响，我们继而可以运用色彩表达去影响观众的感受。

主观情绪、感受依附于色彩对人心理的刺激。看到色彩时，受到色彩的视觉刺激，会在思维方面产生对生活经验和环境事物的联想，这可以说是色彩的心理感觉。面对色彩人们有一些共同的感受，像看到红色能使人生理上脉搏加快，血压升高，并感到刺激、兴奋、内心产生温暖的感觉。这种对颜色的共性反应，使色彩成为传递感受、表达情感的基础和手段。

3.4.1 观看是主观的行为

对认知色彩而言，感性是第一位的，理性的认识是后续，是对感性认知的梳理。色彩的理论不应是被动的学习、接受和运用，应该是根据色彩的感受而来。我们学习色彩也不甘于总是学习一些总结出的色彩理论之后才能够"掌握"色彩。对色彩的表达应是主动的而不是被动地运用所"学习"到的色彩知识。像艺术史中这么多伟大的艺术家如果局限于只在已知的范围内画来画去，就永远不会有凡·高，不会有毕加索（Pablo Picasso，1881—1973），塞尚等等影响时代审美的人出现。

每天睁开眼睛，有光的地方就有色彩，不管是自然风景还是现实生

图44_《水果篮》卡拉瓦乔（意）1596年 布上油彩

活，我们被各种各样的色彩包围，躲避不了的就是这些或明或暗，或艳或灰的颜色，它们的出现占据了所有的视觉。

没有经过色彩学习和训练的普通人，看到的颜色是依附在各种形体上的，并不能够使其成为观看的主导因素，除非在一些非常强化的主观色彩环境下，才会被动地引起视觉的感知，比如某些品牌商店或餐馆。

而那些艺术家们的作品中所呈现的色彩是不同的。古典主义的油画作品具有客观写实的样貌，但是它们记录的是客观物体的造型和体积，色彩在这里通常表现的是它们的固有色以及随着形体结构产生的明暗变化。而我们看到凡·高、马蒂斯的作品，他们表现在画面上的色彩和我们意识中的色彩差别是非常大的。艺术作品中存在的这么不同的色彩表现，源于艺术家们用什么样的方式来看待客观事物的色彩样貌。（图44、图45）

我们需要训练自己在观看的时候把对色彩的被动感知转化为主动感知，因为只有这样才能将艺术与设计的创作工作做好。

3.4.2 观看的是色彩关系

面对同一组静物，每个作画者表现出来的色彩样貌都不一样。这和作画者的性格、经验以及习惯差异有关，也和作画者不同的观看方式有关。

绘画表现的是色彩关系，而不是几种颜色的拼接和相加。我们需要在观看时判断出几种色彩的冷暖关系，并在表现时根据画面的需要进行设计和安排。画面中具体选择什么颜色要从这块颜色和其他色彩的对比中得来。

我们一定不要让固有色观念代替眼睛的观察。

在相互比较中我们会发现色彩不像想象中的那样单一和固定，我们才能真正地发现和运用环境色、条件色等在比较中产生的色彩感觉。而且色彩也会随着观看者自身观看角度的变化、表现目标的转移，甚至情绪的变化而变化。

3.4.3 培养自己的观看习惯

a 直觉

在观看的时候，第一眼的直接感受是很重要的。

描绘过程中，如果慢慢沉迷于对细节的处理，忽略掉整体关系，画面就会陷入散乱的不知所云的境地。而整体关系就建立在一开始的直觉上。

b 随时观察

对色彩的观察应该与我们的日常生活相融合，从室内到室外，从课堂到生活，从早晨到夜晚，我们都要用色彩的方式观看客观世界，只有这样我们对色彩的观察能力和感受能力才会提高，这也是将来对我们从事艺术和设计工作的职业要求。

c 整体观察

整体观察是我们进行写生的观看手段，它贯穿我们观看的全过程。不仅仅是要整体观察客观对象，还要整体观察自己的画面以及画面和客观对象双方。因此，整体观察是客观对象、画面、主观视觉三者的统一。

整体观察有利于实现对客观事物色彩关系的准确表现。整体观察需要作画者在意识中不断地强调和提醒，最终形成习惯。

d 找到自己

作为接受应试教育的学生，色彩思维僵化、概念化，表现手段模式化，观察方法片面化的问题很普遍，并且这种习惯已经形成，眼睛并不能够真正地属于自己。

学生不能被以往的教条所束缚，要清空自己的大脑，改变看看的方式，要让自然触动自己的心灵，要用色彩的眼睛去观看世界。这需要不断地实验，不断地对抗自己的习气，珍视自己的直觉体验，尊重自己的个性感受。

只有培养出自己的观看习惯，才能形成真正"自我"的色彩表达。

图45_《十四朵向日葵》凡·高（荷）1888年 布上油彩

CHAPTER 4

构成画面的色彩

▌课题概述

本章主要介绍色彩在画面构成中的作用。通过对画面中形与色的关系，色彩之间的关系以及色彩的构成形式的介绍，深入分析了色彩对画面构成的影响和作用。

▌教学目标

通过了解色彩对画面构成的作用，能够熟练掌握色彩在绘画与设计中的应用方式和方法。

▌章节重点

了解色彩之间和色彩与形之间的相互作用关系。

4.1 画面中的形与色

一幅画当色彩成为表现的主题时，对于构成这幅画面的形、色彩之间的组织就成为感受、推敲、表现、研究的重点。

在画面中，形与色是一体的，色依附于形，形限定了色。

很多绘画作品强化形的作用、弱化色的作用，而另外一些则相反。在西方绘画中，古典时期大量的作品追求的是造型的客观再现，因此，表现的主体是光线影响下的透视结构和形体结构，而色彩绝对不会独立于之外；

图1_《宫娥》委拉斯贵支（西）1656年 布上油画

而印象派则是把造型和色彩都从客观再现中解放出来，完全地进入对画面本身表现性的研究，此时色彩就成为可以独立表达的主体了。中国传统绘画的功能本质上是强调表现而非再现，重视内蕴而非外露，造型与色彩的使用达到了高度的统一，于是便有了谢赫（479—502）六法中所谓的"随类赋彩"（图1~图3）。

作为艺术研究和学习的专业人士，需要透过对画面内容的研究认知和掌握建构它们的方法本身，而这种方法依据的便是画面和画面上的造型元素。画面上所有的内容都是由线条、形状、明暗、色彩等最基本的画面元素构成的。美术史上各种风格和流派的艺术作品都是按照作者的主观要求使用这些基本的造型元素表现出来的视觉结果。

面对一幅画作，如果从最基本的方面来说，就一定要先抛开对画面内容的追寻。比如画的是人物、风景，或者是一个冲突场景等，这些表述性的内容都是建立在造型基础上的部分，是作者对无差别的观赏者所提供的表达自己想法的线索。即使是抽象画，也需要注意下意识地将画面中的抽象形和结构进行写实性解读的问题。

正如"纳比画派"画家兼理论家莫里斯·德尼（Maurice Denis，1870-1943）在1890年发表的宣言："记住，一幅画，在成为一匹战马、一个裸女或某个小故事之前，主要是一个布满着按一定秩序组合的颜色的平面。"可以说，他用精练准确的语言揭示了抽象艺术的本质样貌。

认识画面的视觉本质便是研究其色彩的前提。因此，我们要剥离绘画的社会性、文学性等，只去分析画面上能够产生审美的视觉结构元素，研究的基本内容就是画面上的色彩以及色彩的形状。（图4）

"纳比派"艺术家的每一幅作品都是各种色块的分布，而具体的形几乎完全被色彩所掩盖。在通过色彩和形状构成的画面中已经没有所谓的主题和背景的主次之分，有的只是各种形状的色彩在画面中的分布。他们利用色彩之间的纯度对比、明暗对比、色相对比来寻找和表现色彩之间的协调关系。（图5）

在画面中，尚可辨识风景的形状、人体的形状都变成了共同支撑画面结构的一个元素而不是主体。画家不再完全按照客观物体的客观样貌进行表现，就像博纳尔（Pierre Bonnard，

图2_《阿莫树林的风景（护符）》塞律希埃（法）1888年 纸板油画

图3_《李清照》崔错（清）年代不详 绢本设色

1867-1947）对画面的控制完全是在按照画家对客观的记忆进行的主观表达。甚至在有些艺术家的作品中，客观的形态甚至都被丢弃，剩下的就只是色彩的形状。

艺术家情感的表现、观念的表述完全靠画面中具有主体地位的色彩传达，"形"隐藏在"色"的后面。

在一个限定平面上，不同明度、不同色相、不同纯度的颜色被组织和设计在一起，各自占有一定的色彩空间和面积，而这些色彩之间所存在的面积差异、强弱变化、冷暖对比等构成了画面本身的结构和空间，它们作为一个整体形成的视觉效果对观看者形成刺激作用，这种刺激作用所产生的心理感受便是对画面色彩最为本质的审美经验。也就是说，在一个完整的色彩画面中，每一笔颜色都起到一定的视觉作用，每一笔色彩的增减都会造成整幅画面的改变。

图4_《树林》德尼（法）1890年 布上油画

图5_《浴室中的裸女与小狗》博纳尔（法）1941年-1946年 布上油彩

4.1.1 形状与面积

画面中的形包括形状与面积，即画面上的每一种颜色的形状特征和它占有的画面空间面积。而多种颜色组合成的画面便是这些颜色的形状和面积构成的结构的总和。

蒙德里安（Piet Cornelies Mondrian, 1872-1944）说："真正的实在的造型表现，要通过平衡里面的力学来达到。新的造型艺术表明：人类的生活，虽然经常屈服于时间和不协调之下，但仍然建基于平衡之上。"若把这一理论具体化，就是在造型美术中，只能通过形状和色彩的动势平衡来表达"纯粹实在"，而这种纯粹实在就是画面本身。

图6_《红衣女人》维亚尔（法）1895年-1899年 纸板油画

图7_《绿线条》马蒂斯（法）1905年 布上油彩

图8_《吉他与乐谱》格里斯（西）1926年 布上油彩

图9_《风景2006》刘炜 2006年 布上油彩

画面中只要有点、线、面,就会有面积和形状。因为画面中的点和线的使用与数学中的概念不同,它们本身具有宽度和面积,而有面积就会有面积的形状问题。(图6、图7)

画面中色彩的面积和形状既共同起着作用又具有各自的特点。

a 色彩的形状

画面中色彩的形状指的不是所描绘的内容(人物、风景或其他),而是每种色彩在画面中所占有的区域面积。

形状是色彩存在于画面的前提,色彩的形状在画面中所起到的作用主要在于形状的聚散程度、边缘线的清晰程度、形状的形态差异等方面。

形状使色彩之间的对比产生强烈或柔和、紧张或松弛的不同效果。形状的边缘线简洁、光滑,形状集中色彩的对比就强烈;形状的边缘线模糊色彩的对比效果就弱,形状分散时对比出的色彩效果就会接近灰色(空间混合的效果);尖锐的形状、圆滑的形状等所产生的视觉感受会有所不同。

色彩与形状有时会在人们的心理上产生近似的反响。约翰内斯·伊顿(Jogannes Itten)提出的色与形关联的理论认为,当某一形状具有和某一色彩相同的心理作用时,它便是这一色彩最佳的基本形(表现形)。红、黄、蓝三原色的基本形分别为:正方形、正三角形和圆形。(图8~图13)

图10_《9号,酒红色上的白与黑》 罗斯科 (美) 1958年 布上油画

图11_《带彩虹的蓝马》 马尔克 (德) 1913年 纸上水彩

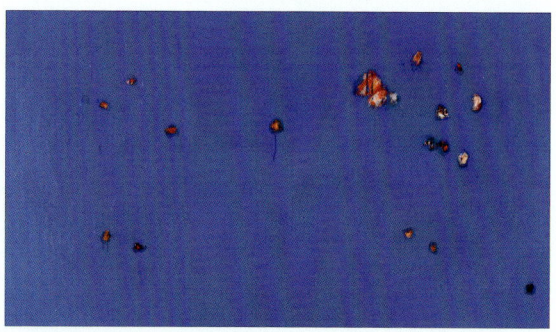
图12_《溃疡2号》 谭平 2008年 布上丙烯

图13_《视力装置》 麦克吉尼斯 (美) 2005年 综合媒介

图14_《远方的云》朝戈 1998年 布上油彩

b 色彩的面积

画面中的色彩只要存在两种以上就会有色彩的面积问题，也就是怎样使色彩相互间的面积比例达到主观需要的视觉状态。

一般来说，形状清晰、面积大、明度高、纯度高的色彩色量感较强（色量感指的是对色彩的饱和程度高低变化形成的视觉感受。）。如果使用对立的纯色在画面中就要使明度、纯度、面积达到合适的比例，这种对色彩的平衡感是由人的视觉生理需求决定的，例如人的眼睛看红色过多时就会需要绿色来调和，看亮色过多时眼睛中就会出现暗的色彩。所以画面中的色彩关系一定得达到一种搭配恰当的状态时才能给人带来视觉上的平衡。

图15_《壁纸设计》威廉·莫里斯（英）19世纪

把各种纯色在画面上进行对比时，每种纯色的色量感不同，按照色量、明度的比例进行面积的安排，会使画面达到色彩上的平衡。一般来讲纯度高、明度高的色彩在画面中占的面积小，反之亦然。（图14）

把各种灰色在画面上进行对比时，每种灰色的色量、明度接近，需要把色彩在冷暖性质上进行区别，才能在画面上协调，视觉上达到平衡。

然而在艺术表现中这种色彩的平衡并不是艺术家追求的唯一标准，因为对于视觉语言——色彩的表现力来说，稳定和协调缺少视觉刺激，所以需要在不断地进行色彩尝试中找到新的表达方式。当表现色彩的张力和需要相应的表达时艺术家就会选择打破平衡的方式，色彩的不平衡性、冲突关系所具有的表现魅力会使自己的意图更加突出和明确地传达。

色彩面积的大小对比可以突出小面积色彩。当画面中一种颜色成为主导色彩时，小面积的颜色就会成为聚焦的色彩，而被突显出来。（图15~图17）

图16_《Panel for Edwin R. Campbell No. 4》康定斯基（俄）1914年 布面油画

图17_《平面设计作品》乔治扬诺夫（保）年代不详

课题训练一

课题 1 描绘客观静物的局部

截取客观静物的局部,来选择合适的画面,不必在意所截取的画面是否完整,最好是一组静物的一个部分。

这时,注意力要放在画面色彩的形状、纯度、明度、冷暖、大小上来构成完整的一幅画。有目的地进行不同色调、空间的练习,通过这种练习来获得对整体画面的色彩层次、色彩关系的控制能力。(图18~图25)

图18

图19

图20

图21

课题 2 学生的包——各种颜色和材质的包

通过描绘客观物体的整体色块关系来构成画面。注重的是色彩之间的协调关系，平面的画面效果。作为一张画应该具有的基本元素都要注意到，不要塑造局部空间，重视画面的整体协调。

尺寸：8开

材料：水粉、丙烯均可

目的：通过写生使学生认识到决定画面的抽象元素——点、线、面、色彩与画面结构的重要性，让学生建立起画面意识。

图22

图23

图24

图25

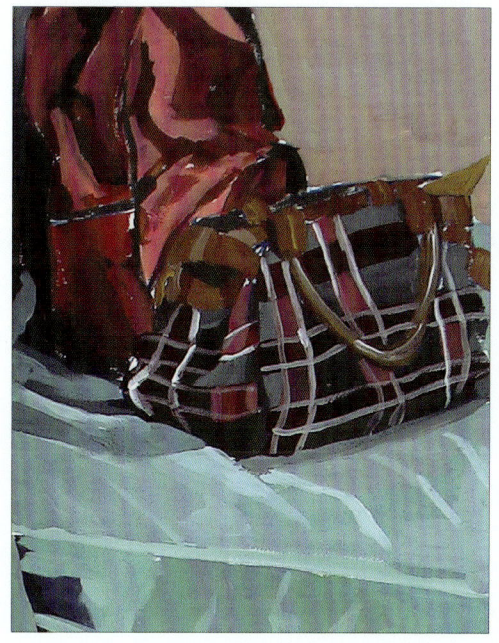
图26

图27

4.1.2 色调

色调是一种主观感知。在大自然中一切物体皆有色彩，普通的人能看见色彩，但不一定能看到色调。色调的形成是视觉艺术家的眼睛通过观看和分析得到的画面结果。客观上，由于光的作用，一定时间的光线照射在不同物体上，笼罩着一定明度、色相的光源色，使各个物体都带有同一种色彩倾向，这种倾向反映到画面中，就形成了色调。

当一种或者一类色相在画面中占有支配地位时，画面的这种整体色彩感受可以使画面产生和谐的效果，画面具有的色调感是一幅作品传递出的完整的色彩感受。画面中各种局部

图28_《阿德勒·布罗赫－鲍尔夫人》克里姆特（奥）1907年 布上油画

图29_《桌上的青花》徐累 2006年 纸本设色

图30_《鲁弗申的雪》西斯莱（法）1874年 布上油画

图31_《缪斯们》德兰（法）1893年 布上油画

的色彩关系、色块之间的联系都统一在色调里会使画面协调有秩序，如果不考虑画面的整体色调就进行色彩表现，色彩之间会因为缺少联系而显得混乱、零散。所以，画面中色调的作用非常的重要。

对于一幅作品的色调从不同的角度称谓也有所不同。

可以根据色相分为红调，蓝调，黄调等。

而从纯度上可以分为鲜调、灰调。

从明度上可以分为高调、中调、低调。

从冷暖上可以分为冷调、中间调、暖调。

从色彩对比上可分为强对比色调，弱对比色调。（图28~图36）

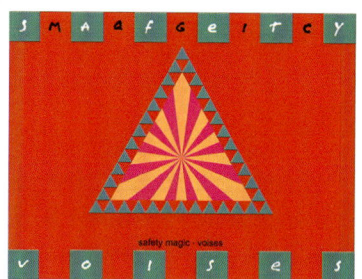
图32_《CD封面设计》Tsesler&Voichenko机构（俄）

图33_《静物》莫兰迪（意）1939年 布上油画

图34_《第60届柏林电影节》海报

图35_《花1》草间弥生（日）1999年 纸上版画

图36_《花季》方力钧 1994年 布上油画

课题训练二

课题 1

　　以陶罐、衬布、工业产品等作为静物写生的对象,让学生表现冷色调、暖色调、灰色调、强对比色调各2张。

课题 2

　　以课题一为基础作一张色调的变换练习,如:变换原有的色相改变色调,或者改变原有的冷暖关系(可改变物体和投影的冷暖关系),明度关系改变色调(拉大或者降低原有的明度对比),纯度关系改变色调(改变原有纯色和灰色的面积)。

　　尺寸:8开

　　材料:水粉、丙烯均可

　　目的:让学生通过写生能够掌握整体的观察方法、对比色彩关系的方法和表现技巧,并学会通过对不同色调的表达传递出具体的视觉效果和心理感受。

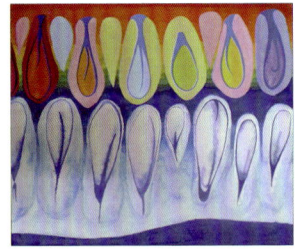

图37

图38

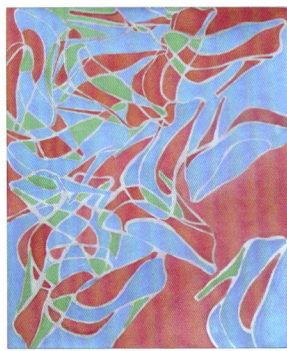

图39

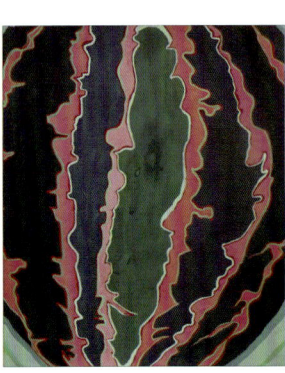

图40

图41

4.2 色彩关系

色彩对比与色彩调和建构了画面中的色彩关系。它们既是对画面色彩关系的客观认知，又是实现色彩关系的方式。

4.2.1 色彩对比

在画面中，只要有两种以上的色彩并置，就具有色彩的差异，就会产生色彩的对比，因为有了对比，我们才能够分辨出具体的色彩。对比是色彩和色彩之间的关系。画面中的对比关系我们可以通过明度、纯度、色相、冷暖、面积这几方面来进行表现。

a 明度对比

明度对比主要指由色彩明暗程度差异而形成的对比关系。在画面中，色彩的层次与空间关系主要依靠明度对比来实现。明度对比可以是同一种色相的明暗对比，也可以是多种色相的明暗对比。将不同明度的两个色并置在一起，往往会产生明的更明、暗的更暗的色彩现象。（图42、图43）

图42_《蓝色辐射主义》拉里昂诺夫（俄）1912年 布上油画

图43_《岁暮》东山魁夷（日）1968年 纸本设色

图44_《冶子》李天元 1991年 布上油画

图45_《绿度母》白居寺壁画 15世纪

b 色相对比

色相对比就是不经混合的高纯度、饱和的色彩之间形成的对比效果。色相对比形成的效果直接、单纯、明确。(图44~图46)

c 纯度对比

将不同纯度的颜色并置在一起，因而产生的纯度的差异，称为纯度对比。

纯度对比既可以体现在不同色相的对比中，也可以发生在单一色相不同纯度色的对比中。鲜艳与混浊的对比效果是相对的。比如同样一种颜色和浊色对比时可能显得鲜艳，而和更鲜艳的色彩对比时则就显得暗淡、混浊了。(图47~图49)

图46_《第58届戛纳电影节海报》梅农（法）2005年

图47_《黄杨木百宝嵌花鸟图笔筒》清初

图48_《达娜厄》克里姆特（奥）1908年 布上油画

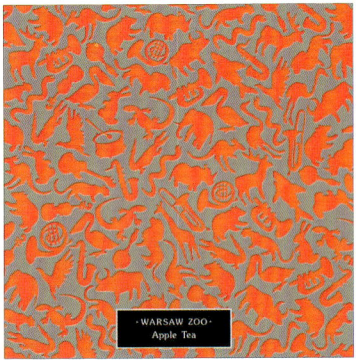

图49_《CD封面设计》Tsesler&Voichenko（俄）年代不详

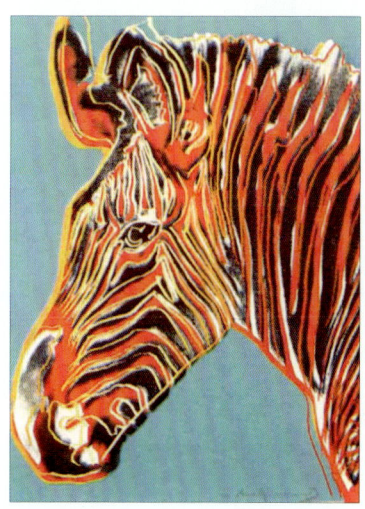

图50_《吉维尼边的塞纳河支流》莫奈 1897年 布上油画

图51_《斑马》沃霍尔（美）1980年代 丝网版画

图52_故宫重华宫芝兰室室内陈设 清中期

d 冷暖对比

冷暖是色彩的根本性质，有色彩的画面是依靠色彩的冷暖关系来建构画面的结构和空间的。所以每块颜色的冷暖对比影响了一幅画的空间结构。

一幅画的色彩如果只有明暗区别，那么它只具有素描关系，当色相、明度和冷暖都有了区别，完整的色彩关系才能够成立。蓝色（冷色系）的色彩给人以冷的感觉，在画面中具有后退感；红色（暖色系）的色彩给人以暖的感觉，在画面中有前进感。色彩冷暖相互交织、对比，能够使画面结构具有丰富性和层次感。在画面中给人感觉冷的蓝色系中也有暖的色彩，湖蓝就比群青颜色冷；同样暖色系中的色彩也有冷暖的区别，大红比紫红暖，所以我们区别色彩的冷暖时一定要从对比的角度来区分。

色相环上成180°相对的两种色彩（也是补色对）冷暖对比是最强的，如红色和绿色、蓝色和橙色、紫色和黄色。直接把冷暖对比最强烈的色彩关系搬到画面中，会形成强烈的视觉刺激，如何使色彩在具有冷暖感的同时又能达到视觉的平衡是我们研究冷暖的重点。（图50~图52）

e 面积对比

面积对比是画面构成要素。

只要存在笔触和色块就离不开它们所带来的形状与面积。面积的大小，聚散直接影响到画面的效果。当大小相近的两块色彩同时出现在画面中时，它们的对比效果是最强的；而当一方面积大一方面积小时，小面积的色彩就会成为焦点而引人注意。（图53~图55）

图54_《海报设计》秋山孝（日）1999年

图53_《黑蜀葵与蓝燕草》奥基弗（美）1929年 布上油画

图55_《红色外套》阿历克斯·卡茨（美）1982年 布上油画

课题训练三

课题 1 静物写生

　　以陶罐、生活用品、工业产品等作为静物写生对象。写生对象的色彩关系、构图安排要从明度对比、纯度对比、色相对比、冷暖对比、面积对比的角度进行设计，使之成为画面表达的主题。（图56~图63）

图56

图57

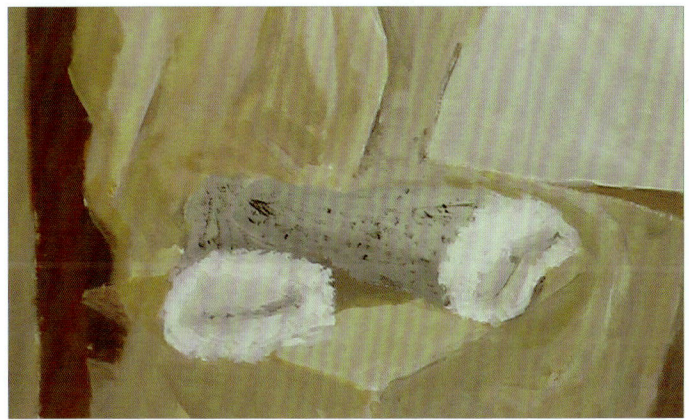
图58

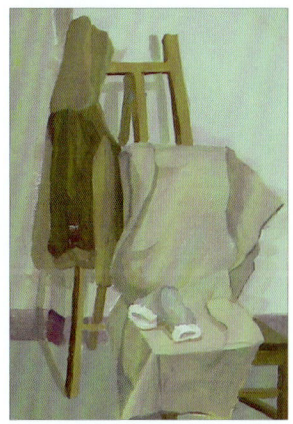
图59

图60

图61

课题 2 静物写生

拍一张以人物为主的照片对图片中的形象和环境进行组合描绘,制作出完整的画面。画面要求构图完整,面积的疏密布局安排合理,并完成线描稿。(图64~图67)然后在线描稿上进行色彩对比关系的命题设计。

尺寸:8开

材料:水粉、丙烯均可

目的:以色彩单一、具体的对比方法作为画面表达的主要形式,能够让学生清晰地感受和理解不同的对比方法带来的效果。强化对方法的认识并懂得如何运用在色彩表达中,是这一课题的主要意义。

图62

图63

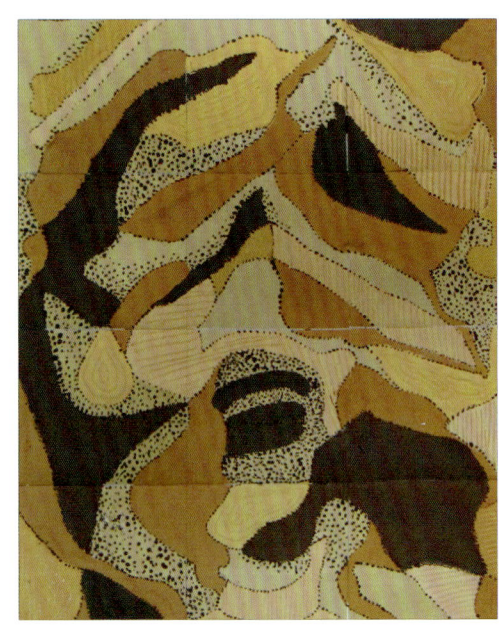

图64

图65

图66

图67

4.2.2 色彩的调和

色彩的调和是处理画面中形色组合产生色彩关系的方式。

调和是画面色彩组合的具体方法和手段，组合方式不同所形成的效果也具有较大的差别。

调和的目的就是把有差异的色彩关系，通过调整、排列、组合使之成为符合主观表达需要的色彩关系。色彩学中的对比调和、秩序调和、调性调和等调和方法都能够达到很好的效果。

调和的标准是：色彩的组合效果不刺激、尖锐并能使色彩关系在变化中寻求统一，在统一中又富于变化；既能够互相协调产生一种和谐美的色彩搭配，又能符合人们普遍的生理和心理需求，使视觉感觉到舒适。

a 对比调和

纯度高的强烈、刺激的色彩搭配在一起能够达到绚丽、醒目的效果，却容易引起视觉疲劳，而产生极不舒服的不适应感，易产生焦躁、紧张、不安的情绪，无法稳定。如想达到色彩对比强烈，既鲜艳夺目、生气勃勃，又不过分刺激、尖锐，就可以运用一些调和的手法。

图68_《麒麟送子》朱仙镇木版年画

图69_《布拉格圣维特大教堂彩色玻璃画》

图70_《狮子》陕西凤翔 民间泥塑

图71_《镜中姑娘》利希滕斯坦（美）1964年 搪瓷钢板

手法一：调整面积。将色彩对比特别是色相对比强烈的双方面积反差拉大，使一种色彩处于绝对优势的大面积状态，造成稳定的主导地位，其他颜色则处于小面积的从属性质。

手法二：阻隔法。通过阻隔可以加强色彩对比，从而获得强烈的视觉感受。

在画面中色相对比强烈的各高纯度色之间，嵌入金、银、黑、白、灰等分离色彩的线条或块面，以调节色彩的强度，使原配色有所缓冲，产生新的优良色彩效果。

阻隔的方法在蒙特里安的"冷抽象"作品中得到了清晰的体现。他用粗直的黑线及白色的方块对红、黄、蓝三原色方块加以阻隔，使整体色调取得了既强烈、简洁、明快，又不粗俗、刺目的新奇、良好效果。在中国传统艺术、现代设计中都广泛地运用了这种强对比

阻隔调和的手段。

同样，也可以运用阻隔的方法明确较为模糊的色彩对比关系。

一组色相、明度、纯度过于接近的色彩关系，会带来软弱、模糊的感觉。在将以中性灰为基调的各种色彩倾向的灰色组织在画面上时，如果用深灰色线条勾勒各色块的轮廓做阻隔处理，便能使画面形态清晰、明朗的同时又具有色调的统一感。（图68、图70）

图72_《风景》莫奈（法）1888年 布上油画

b 秩序调和

色彩秩序调和指的是按照一定的秩序组织色彩，以获得和谐的画面关系。其基本手段是：在色彩的色相、明度、纯度关系中如果有一个因素相同，即可获得近似的调和；如果有两个因素相同就可获得统一的调和。

例如，当面对色相对比强烈的各种色彩时，同时削弱它们的明度和纯度，以减弱色彩对比的效果。这样，便能够起到减弱矛盾冲突的作用，增强画面的成熟感和调和感。

又如，利用色彩的推移过渡方式，既运用色彩的渐次变化，产生具有层次感、秩序感的色彩效果。这种方式便把原来对立的色彩关系进行了弱化，降低了强度。具体来说，可以利用明度推移、纯度推移、色相推移等方式来处理对比感强的色彩关系。

c 调性调和

在对多种色相对比强烈的色彩进行组合的情况下，为使整体协调一致，可以用加入某个共同要素使全体色彩达到统一的方法，比如在画面中加入同一种色相（或明度或纯度）的色彩，赋予画面统一的色调，使得画面感觉更完整。（图74、图75）

图74_《米希亚和瓦洛通》维亚尔（法）1899年

图73_《剪花娘子》库淑兰 剪纸 1990年代

图75_《红色美人蕉》奥基弗（美）1923年 布上油画

课题训练四

课题 1 阻隔练习

用鲜艳、饱和的色彩描绘一幅画面，使用色彩或其他材料把形状的边缘表现出来，明确形色之间的关系。（图76~图80）

课题 2 推移练习

1. 选择7种不同色相在色相环上相邻的颜色形成色相推移。（图81~图84）2. 选择2-3种不同色相的颜色，一种颜色一种推移方式（如蓝色的明度推移，红色的纯度推移），画在不规则形状的纸片上，每组分7块。以它为基础的单元，运用推移的方式，通过重复变化的排列关系组合一幅以色彩推移过渡为特征的装饰性画面。（图85~图87）

图76

图77

图78

图79

课题 3 名作变调

选择一幅绘画名作（写实风格，色调感较强）保留与色调变换内容，突出调性，完成调和关系的色彩作品。（图88~图91）

尺寸：8开4开

材料：水粉、丙烯均可

目的：学生在面对各种色彩关系时，如何能够找到表现和解决的方法？

通过调和这一具体、多样的训练，让学生明白理性处理画面的方法和感性的色彩感受同样是创造出好作品的重要条件。

图80

图81

图82

图83

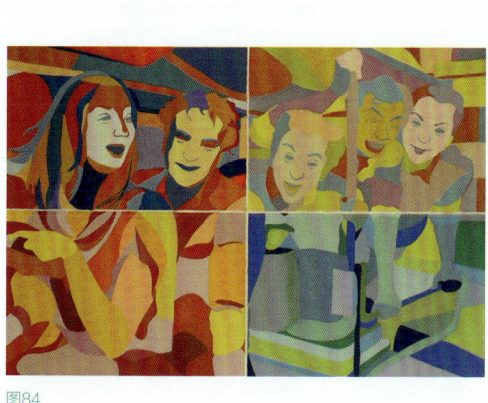

图84

图85

图86

图87

图88

图89

图90

图91

4.3 **色彩的构成形式**

将色彩进行有规律的组织以形成需要的画面，便需要了解色彩的构成形式。色彩的构成形式具有规律性，但是，我们不能把这些相对的规律作为色彩表达的绝对规范，而是要在了解的基础上融会贯通，按照实际的需要进行相应的选择。在一幅画面中，要达到丰富的视觉审美，肯定是多种构成形式完美结合的结果。明确这一态度，是我们了解色彩构成形式的基础。

4.3.1 色彩平衡

一般而言，我们依靠事物造型的面积、强弱、疏密等构成画面的平衡关系，作为画面结构的一部分，色彩也同样能够对视觉的平衡感起到作用。而且，还可以利用色彩的强弱、面积等打破平衡关系，造成所需的、具有趣味的视觉效果。

获得色彩平衡的形式包括对称、均衡和不均衡。它们是手段，也是结果。我们需要通过大量的练习来提高自身的色彩平衡感觉，将概念化为经验。

图92_《黄色的树》雷东（法）年代不详 布上油画

图93_《山毛榉林1》克里姆特（奥）1902年 布上油画

a 色彩对称

对称是一种绝对的平衡。

画面中的色彩对称是和造型元素的对称关系相结合的,色彩的面积便是形的面积。它是一种常见的视觉表现形式,可以分为左右对称、放射对称、回旋对称等,这种形式更多的是出现在具有装饰性的艺术形式中,适合表现礼仪性、庄严性的主题。在东西方传统图案中便有大量的对称关系的形态表现。

色彩的对称给人以庄重、大方、稳重、严肃、安定、平静等积极感觉,

但也容易出现平淡、呆板、单调、乏味、缺少活力等消极感觉。(图93、图94)

b 色彩均衡

均衡是画面中不同形态及色彩之间形成的相对稳定而又具有变化的视觉心理关系。均衡比对称活泼,情感表达层次更为丰富。对视觉均衡的追求是人们客观的心理预期,因为均衡的视觉对象会给人以安全感和较为良好的审美体验。

画面中的均衡一般都是通过对色彩的形状、纯度、色相、明度、冷暖等元素在构图中的位置安排、面积大小以

及色彩强弱、轻重等大致相等的稳定感的处理。均衡的画面既能够让人感受到良好的、稳定的状态,又有丰富多变、自由生动的审美层次,可以引起人的视觉注意,避免了呆板和凝滞。(图95、图96)

c 色彩不均衡

色彩布局没有取得均衡的构成形式,称为色彩不均衡。在对称轴左右或上下显示色彩的强弱、轻重、大小存在着明显的差异,表现出视觉生理及心理的不稳定性。由于它有强烈的情感趋向,会给人造成强烈的、非常态的、

图94_《天安门前留个影》孙滋溪 1964年 布上油画

图95_《莲花藻井》敦煌壁画 西魏 公元6世纪

图96_《红黄蓝构成》蒙德里安（荷）1927年 布上油画

图97_《海藻》马蒂斯（法）20世纪50年代剪纸

具有运动感的、趣味性的感受,产生奇特的"不对称美";同时,这种构成形式也极易产生倾斜、偏重、怪诞、不稳定、局促的感觉。这两个方面的造型作用都是可以利用的。

色彩不均衡设计,一般有两种情况,一是形态结构本身具有对称性,但是色彩布局不对称;另一种是形态本身呈现不对称状,导致色彩也趋于差别。

4.3.2 色彩比例和节奏

对比例的感知是人们的视觉思维基础之一。

色彩比例指色彩组合设计中各部分局部与局部、局部与整体之间,长度、面积大小的比例关系。它随着形态的变化、位置空间变换的不同而产生,对于画面的整体风格和美感起着决定性作用。按照一定比例关系创造的画面具有较好的秩序美感。如古典艺术中的构图总是把视觉中心安排在黄金比例(1:1.618)的位置,而蒙德里安的"格子画"中的矩形都是按照这一比例关系进行绘制的。在现代设计中还可以按照等差数列(1、2、3、4、5…)、

等比数列(1、3、9、27、81…)费勃那齐数列(1、1、2、3、5、8…)等方式进行画面的设计。在这些比例生成的同时画面便获得了节奏。

色彩的比例离不开形状,形状之间的间隔大小、变化又形成了节奏。就是说节奏感是色彩重复与间隔的一种有序的变化。

节奏一词源于音乐、舞蹈、诗歌等艺术形式,明显带有时间及运动的特征,它是一种有规律的反复出现的强弱及长短变化,是一种秩序性的画面构成形式。通过色彩的聚散、重叠、反

图98_《下楼梯的裸女2号》杜尚(法)1912年

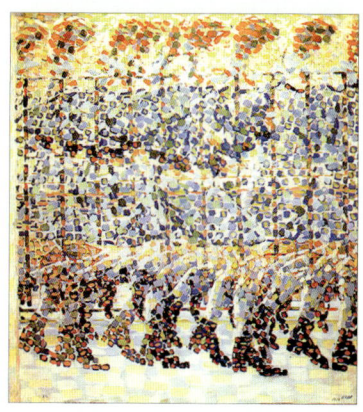

图99_《在阳台上奔跑的女孩》巴拉(意)1912年
布上油画

图100_《引人注意的地方》克利(瑞)年代不详

复、转换等,在色彩的更替回旋、色彩形状之间间隔的大小、秩序中形成不同的节奏感、韵律感。如重复性节奏、渐变性节奏、多元性节奏。

a 重复性节奏

简单的节奏,色彩间隔面积较小,通过色彩的点、线、面等单位形态不断地重复出现达到统一的特征,具有秩序性的美感。

b 渐变性节奏

将色彩按某种定向规律作循序推移变化,它相对淡化了"节拍"感,有较长时间的周期特征,形成反差明显、静中见动、高潮迭起的闪色效应,体现了渐变的节奏感。可以将色相、明度、纯度、冷暖、补色、面积、等结合在一起构成画面进行推移表现,使节奏感有层次,有变化。

c 多元性节奏

由多种简单重复性节奏组成,它们在运动中的急缓、强弱、行止、起伏也受到一定规律的约束,亦可称为较复杂的韵律性节奏。其特点是色彩运动感很强,层次非常丰富,形式起伏多变,但如处理、运用不当,易出现杂乱无章的"噪色"效果。

4.3.3 色彩呼应

色彩呼应是指同一平面中不同位置、面积的色彩,在画面布局时上下、左右色彩相互之间有所联系,避免孤立状态,采用"你中有我,我中有你"彼此照应、相互依存、重复使用的手法,从而取得画面的统一性、协调感和节奏感。具体方法是使一种或几种色彩同时出现在作品的不同部位或使大面积的色彩缩小后出现在与其对应的地方,从而来达到画面协调的效果。如凡·高的《夜间露天咖啡馆》中,前景酒吧在黄色灯光的照耀下,桌子、椅子、人物都呈中黄色,背景天空是大片的群青色,但在群青色的下部的房子又使用了相同色相的小面积的中黄色,以达到呼应的效果。画面中强烈的色彩对比,使光感非常强烈,而色彩的呼应又使画面非常协调。

图102_《葡萄园》贾涤非 1998年 布上油画

图101_《夜间露天咖啡馆》凡·高(荷)1888年布上油画

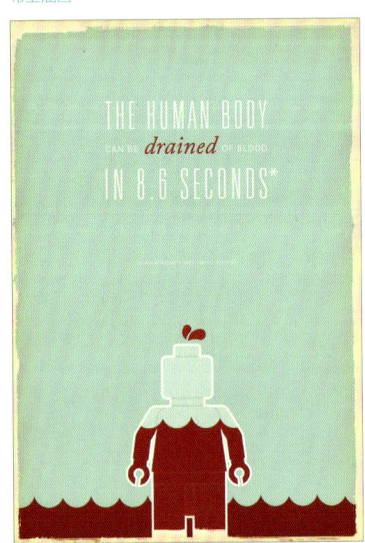

图103_《海报设计》乔纳森·哈格德(美)

课题训练五

课题 1 画面平衡

　　摆一组不同大小、色彩的陶罐,让学生根据陶罐的形状进行选择、取舍、概括得到色彩不同但形相似的形状,把这些形按照画面平衡的方式重新组织成一幅画面。(图104~图107)

图104

图105

图106

图107

课题 2 色彩表现节奏

选择一首自己喜欢的歌曲,用色彩关系表现音乐的节奏感。根据自己对音乐的理解去选择与之相适应的色域、构图和形态,使色和形尽可能准确而形象地表达主体感受。(图108~图113)

课题 3 色彩呼应

设计一幅以"未来"为主题的海报。

目的:画面的效果依靠形式,而形式也就意味着结果,在体验不同形式带来的画面效果时,增强了学生对色彩关系、画面布局的更多可能性的认知。通过对形式手法的掌握来体会、表现色彩关系。(图114~图119)

图108

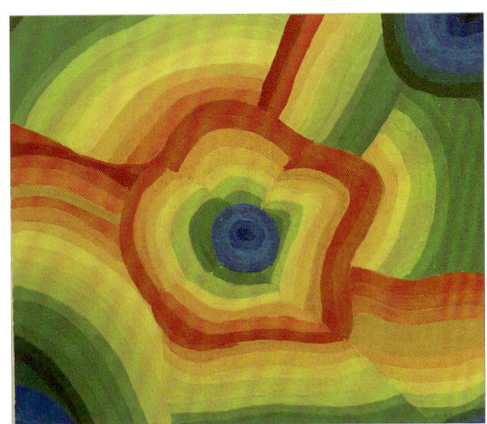

图109

图110

图111

图112

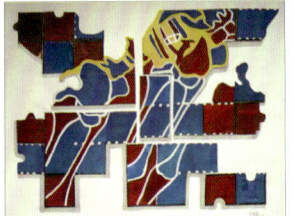

图113

图114

图115

图116

图117

图118

图119

CHAPTER 5

描绘中的色彩体验

课题概述

本章主要介绍色彩在实际绘画中的应用和方法。通过对课堂写生及外光写生的介绍，深入讲解了色彩在绘画中的实际应用方法。

教学目标

通过对色彩应用方法的掌握，对色彩在绘画中的感受和体验有更深的认识。

章节重点

了解室内和室外绘画创作和设计实践中的色彩应用方法。

5.1 课堂写生

课堂写生是色彩教学所选择的主要方式之一。在室内由于学习时间相对固定、室内环境固定、光源没有太多的变化，所选择的写生对象的色彩关系也比较稳定，适合长时间的研究与观察。

5.1.1 课堂写生对象的内容与形式

以往，课堂写生的对象相对局限在一些选择性的物体方面，这些物体被称为静物。静物写生也是欧洲绘画传统的一个母题，影响到现代的色彩教学的结果便是课堂教学的内容几乎只是那些特定的客观物，比如使用器皿和水果、花卉，以及衬布等摆放出具有一定形式感要求的限定形态组合。这样的形式和内容具有明确的学习针对性，是一种有效的训练方式。但是，这样的内容和形式会限制人们对于色彩所具有的广阔领域的认知与体验，因此，我们还要去寻找一些其他的在我们生活中更为自然的内容与形式。

（图1～图6）

课堂写生对象的选择与组织应与写生目的紧密结合。

比如在色彩塑造空间感的训练课题中，我们利用不同色彩在视觉生理上的影响可以让色彩创造出不同的空间位置感的。这是一种对客观色彩的表现技巧的训练。冷色衬布加中性色调主体物再加暖色水果的静物配置较利于表现画面的空间层次，而如果摆放花衬布和冷暖差距较大的主题静物、暖色水果，表现客观空间时就不是那么容易的事。（图7）

图1_《有烟斗的静物》夏尔丹（法）1760年—1763年 布上油彩

图2_《高脚盘、玻璃酒杯和苹果》塞尚（法）1880年 布上油彩

图3_《116楼310房》张小涛 2002年 布上油彩

新生由于之前的应试训练，形成了表面化、习惯性的色彩表现技巧，如果在写生对象的组织上延续之前的东西，学生的研究兴趣和主动性则很难被调动，这不利于教学目的的实现。因此，在写生对象的组织方面我们可以强调对其进行"陌生化"的安排，以激发学生的研究兴趣。

在写生对象的组织方面，可以选择以往很少表现的客观事物作为摆放静物的内容；还可以打破以往衬布上面摆着物品的基本形式，把眼光放大到整个教室空间里，去选择空间中的局部；或者使用一些材料如纸张、布和其他材料直接将教室空间进行空间色调的改变处理，并且让学生参与其中，之后再进行课堂写生。

图4_《沙发上的玩具》许正立 2008年 纸上水粉

图5_《一双鞋—其中一只倒了》凡·高（荷）1887年 布上油彩

图6_《岁朝清供图》陈洪绶 1625年 绢本设色博古图是中国人的静物画。

在对待写生对象的表现方式时，可以改变以往中距离平视的状态。例如可以拉近距离观察和表现物体的微观形态，或者在画面表现时把一组物体进行局部分割，所产生的不完整画面，都会具有陌生感。这种陌生感可以作为我们进一步创造主观色彩关系的基础。（图8～图11）

图7_冷色衬布、暖色的水果

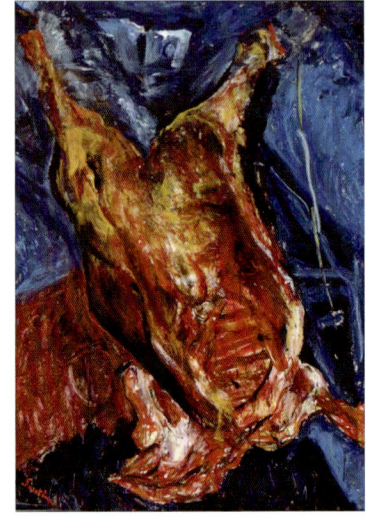

图8_《死牛》苏丁（俄）1925年 布上油彩

图10_《好果子系列》杨国辛 2002年 布上油彩

图9_《报纸》米尔斯（美）年代不详 铝板油彩

图11_《美人蕉—红与橙》奥基芙（美）1922年 布上油彩

5.1.2 课堂写生对象的色彩样貌

美是需要我们去发现的，我们需要寻找那些具有美的内容。

正如之前所说的，我们的世界充满了自然存在的色彩和受人为影响的色彩，所以课堂写生对象的内容与形式便可以围绕这两个方向安排。

这两种色彩关系的不同方向会影响我们写生的主观表现。虽然，色彩呈现的样貌是综合的，但我们只有对它们的构成进行分析，才能获得真正的没有

图12_《青草地》丢勒（德）1503年 纸上水彩

图13_《两种植物》弗洛伊德（英）1977年-1990年 布上油彩

图14_《花》卫天霖 1965年 布上油彩

图15_《风景系列之十七》卢昊 2007年 绢本设色

障碍的认知。"设立限制是为了自由"因此，我们在写生中应该对于这种差别进行分析并加以利用。

在课堂写生中，我们需要明确写生对象呈现出的是自然色彩样貌还是人工色彩样貌。

虽然无论呈现出的是自然色彩样貌还是人工色彩样貌，对于观察者而言都是客观对象，但是，其二者在视觉中是有所差别的。可以说，自然色彩样貌呈现出的是纯客观的颜色状态，其个体的色彩变化是自然的，而相互间的色彩关系具有一定的和谐要求（图12~图14），而人工色彩样貌呈现出的则是人为作用的颜色状态，其个体色彩变化是主观的，相互间的色彩关系也是主观的。（图15~图20）

5.1.3 课堂写生中的光源选择

我们在室内写生时，一般会选择自然光源，因为在自然光源下的静物所呈现出的样貌是符合我们对现实的客观认识的。这种光线下的色彩关系是我们所训练和描绘的主要课题。

室内的光线在一天中的变化不会像室外的光线那么大。因为在室内，光

图16_《玻璃杯》佚名 布上油彩

图17_《绘有纹样的曲木扶手椅》乔治 索登（英）木、金属

图19_商场

图18_《我的东西之七：知识就是力量》洪浩 2004年 数码图片

的来源比较集中，阳光是透过窗户上的玻璃照射进来的，由于玻璃会过滤一部分光线，光线的明度会比室外稍暗，但是相对较为固定。我们在训练过程中可以选择将静物摆放在室内不被阳光直接照到的地方，这样自然光源的变化对景物的影响就会被减少到最低。在训练时间会相对较为宽裕，要尽可能地多去研究色彩之间的变化和层次。当然，也可以选择阳光直射在室内的局部的地方，训练在短时间内对光色关系的捕捉能力。

室内写生中使用的人为光源一般都是单色的，或冷或暖。这时候写生对象的色彩样貌会因为光源的变化而变化。当光源是冷色时，整组静物会呈现出冷色的调子；当光源是暖色时，整组静物会呈现出暖色的调子。人为光源的选择和使用，可以使学生明确地感受到光和色的清晰变化，易于控制和把握画面中的色调。在人为光源的限定下，可以相对明确地观察色彩关系、理解和实践色彩的理论知识，使学生能够认识到色彩呈现手段的多样性。（图21、图22）

图20_慕尼黑安联球场

图21_室内灯光下的静物

图22_室内自然光线下的静物

课题训练一

课题 1 室内自然光线下的写生训练

1. 在室内自然光线下静物台上摆放衬布、毛绒玩具、生活日用品等静物，要求客观地再现静物的空间、形体、色彩关系和质感形成一幅完整的画面。（图23~图28）

2. 在室内自然光线下静物台上摆放衬布、一双鞋，要求形体结构准确，质感突出。（图29~图34）

图23

图24

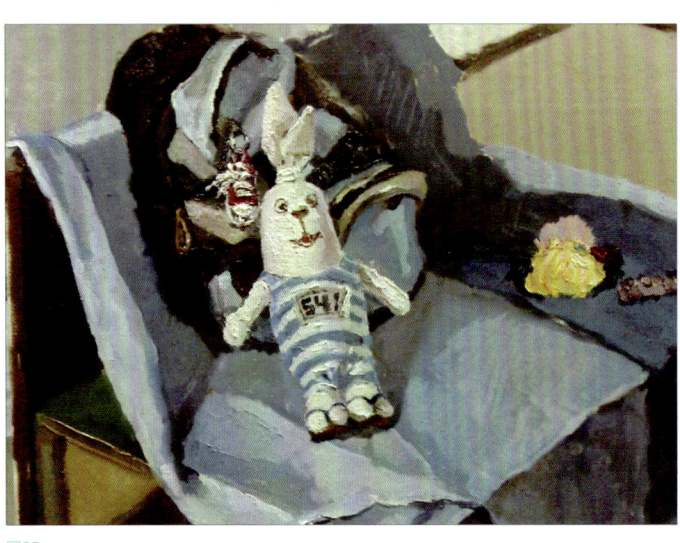

图25

图26

3. 在室内自然光线下静物台上摆放衬布、玻璃器皿，要求形体结构准确，注重反光和环境色的表现，反光和高光的具体形状，质感突出。（图35~图36）

尺寸: 4开

材料: 水粉、丙烯均可

图27

图28

图29

图30

图31

图32

图33

图34

图35

图36

5.2 **外光写生**

风景写生训练作为学生学习和掌握色彩知识、色彩表现技法的重要手段，是非常有效并可以持续深入的训练方式。风景写生的目的在于训练学生拥有灵活的思维，敏锐的感受力，以及丰富的表现手法。大自然充分展示了光与色的变化规律，不仅使我们能够切实感受自然界五彩缤纷的光色氛围，加深对色彩理论知识的理解，而且为提高捕捉色彩、组织各种色调的能力提供了具有很强的针对性训练。通过对自然色彩的发现、概括，对固有色、环境色、光源色的分析和表现提高对色彩关系的认识与表达能力。

5.2.1 不同时间段的光色变化

写生要先了解自然光线的色彩，一天当中自然光线无时无刻不在变化着，自然光下的物体色彩也从早到晚不断地发生着变化。早晨空气中的杂质和尘埃较少，水汽较多，空气本身又弥散着蓝色光，因此早晨的光色清新透明，色调偏冷。中午阳光直射，光色苍白、光线散乱而使物体色彩平淡。物体受光面固有色较明显，由于光线强烈，景物受光与背光明暗对比反差较大，且背光受天光影响较明显。傍晚，光色浓烈、绚丽，色调偏暖，整个物体均笼罩在橘黄、橘红色的暖色调之中，物体所受的光源色增多，固有色减少，景物的背光部位不再有明显的冷灰色。这些是表现早晚色彩特征的重要标志。

写生中表现出不同时段的光色变化，会使得画面具有现场感和时间感，使色彩产生独有的魅力。印象派大师莫奈的《草垛》系列、《鲁昂大教堂》系列是非常具有代表性的作品，这种通过现场的直接感受调和出的色彩是室内写生提供不了的，也是不能够按照某种理性规范调和颜色得到的。（图37）

写生中表现不同时段的光色变化，会产生不同的色调。所以，在写生中需要敏锐地捕捉和把握整体色调，并在写生过程中不断地提醒自己最初的色调印象，不至于使画面由于视觉疲惫而失去控制。

5.2.2 选景与描绘

色彩写生首先面临的问题是选景，在自然环境中，无论走到哪里，无论是人文景观还是自然景观，都为风景写生提供了丰富的资源。但是，当要从中选定一个适合的景色作画也并非易事。首先就要从自己的感受和理性的分析入手，自然界中不是所有的景色都是美

图37_《卢昂大教堂系列》莫奈（法）1892年 布上油彩

图38_《白色牡丹花》马奈(法) 1864年 布上油彩

图39_《蝴蝶》曹静萍 2003年 布上油彩

图40_《书》秦琦 2009年 布上油彩

的,但是如果善于发现就会看到常人所看不到的美丽色彩,比如阳光照射下的草地,一片池塘,一片被腐蚀的墙面,一只昆虫的翅膀等等。好的选景不全在于景色是否丰富、绚丽或是具有远、中、近景的层次,因为不同的自然环境就会有不同的美感,这在于观察者的发现。(图38~图40)

其次是构图,构图时要注意所描绘物体的形状、大小在画面中的位置安排,面对庞杂的景物要进行概括和取舍。这就需要清晰地分析与归纳出客观

景象的结构框架,在此基础上才是细节的描绘和色彩关系的表现。

外光写生中,不同的条件影响光色变化。把对象看作是光和色的组合,色彩的冷暖、环境色的影响、光源色、固有色的色调在自然环境下显现出的

效果都有可能打动我们。对于所见风景的感受需要建立在对其色彩关系理性分析的基础上,要注意处理色彩的面积、对比、调和以及组合的方式,结合风景对心灵的触动进行感性发挥和情感表达。

图41_九寨沟黄龙五彩池

图42_春到黄土高原

图43_纳木错

5.2.3 自然景观和人文风貌

图44_《海景》库尔贝（法）1869年 布上油彩

　　外光写生中一个主要的内容就是自然风景。不同的地域有不同的地理环境和气候，形成了多种多样的自然景观。自然风景在时间和天气状况的影响下丰富的光色变化和空间变化是色彩训练的极佳内容。

　　风景四时不同。郭熙的《山川训》中所言："春山澹冶而如笑，夏山苍翠而如滴，秋山明净而如妆，冬山惨淡而如睡。"谈的便是春夏秋冬四季色彩带给人不同的意趣。

　　中国人的山水画是对风景的描绘，但又超越了所见的景物，景为目之所见，更是心之所见，体现出了人融于自然的"天人合一"的意境追求。意境，是风景写生的高级审美追求，是风景带给人视觉想象和审美愉悦的意象境界。

　　塞尚谈到他画的圣维克多山的光色变化时说道："日光下松林色蓝而微苦的空气和草地的绿色气味以及遥望中圣维克多山峰岩石的气氛结合起来，好像人们需要再现出来的都在色彩里……"，感官的体验引起的审美愉悦是写生的动力。

　　西方绘画把风景作为一个审美对象进行分析和再现，注重视觉美感的记录，强调色彩、构图与空间表现共同作用下的视觉表现。（图41~图47）

图45_《风景》西斯莱（法）1877年 布上油彩

图46_《雨后的彩虹》董希文 年代不详 纸本水粉

图47_《秋蝶杂林图》贾涤非 1998年 布上油彩

图49_青藏高原上的经幡

图48_云南元阳梯田

图50_四川芒康盐井的盐田

图51_意大利马纳罗拉

不同地域的自然环境影响到在那里生活的人们，呈现出多样的人文风貌。北方的草原、南方的水乡、西部的戈壁、海南的椰林……特别是在传统文化保存较好的地方和少数民族地区，那里更具有丰富的色彩表现主题和内容，更加能够体现出人与自然的和谐。

在人文环境下，色彩的人为影响程度加大，主观色彩和固有色增多。在很多地方，具有民族和区域特点的色彩主导了环境特征，使得写生的画面成了极易识别的当地的符号特征。（图48~图56）

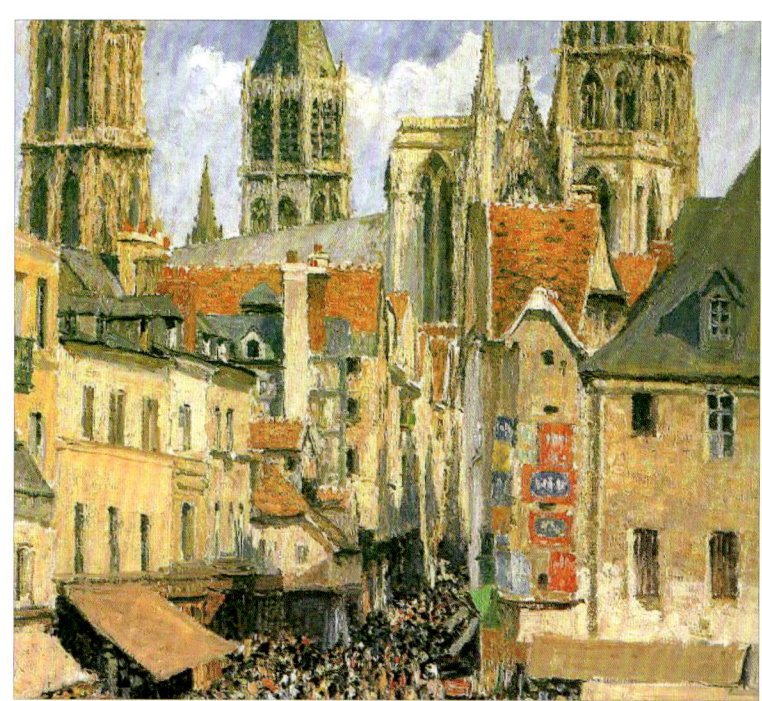

图52_《巴黎街景》毕沙罗（法）1870年 布上油彩

图53_《舒兹伯利威尔士大桥》透纳（英）年代不详 纸上水彩

图54_《法隆寺》平山郁夫(日)1992年 纸上水彩

图55_《初秋》陈逸飞 1989年 布上油画

图56_《晴日的拉萨小街》陈丹青 1985年 布上油彩

5.2.4 考察写生

"行万里路，读万卷书"要成为具有独立思想和自由精神的人，这两点所体现的观念是非常重要的。不仅仅是知识的积累，也是各种实际经验和综合能力的体现。作为城市中的我们，一般会选择与自己周围环境差距比较大的地方作为考察和写生的对象。不仅仅因为视觉上的差异，更是因为我们要认识这个世界，并且丰富我们的精神世界。

针对我们的教学要求，选择考察和写生的地区，制定清晰的计划。概括和总结当地的人文特征和色彩特征，抽象出有代表性的造型与色彩关系，利用得出的造型元素和色彩元素进行画面设计。（图57~图60）

5.2.5 采集与归纳

采集与归纳是外出写生返校后色彩训练的继续。

对经典作品的画面进行平面化的采集和归纳是一种分析画面的方法。从画面的结构上对点线面的安排、色彩明度的层次、色域面积的比例关系。进行设计并且从这几方面进行色彩分析形成画面的色块关系。学生对于这种画面效果的再分析能够从优秀作品中学习色彩的表现方法、组织方式、笔触表现和情感表现。

图57_《黛绿童年》杭鸣时 1999年 纸上水粉

图58_《皖南老屋》解基程 2004年 纸上水粉

图59_《门》解基程 2004年 纸上水粉

图60_《同里写生》吴国建 2000年 纸上水粉

课题训练二

课题1考察

　　了解、考查当地人文、文化、风俗、建筑、风景所具有的色彩、造型特征。运用速写、摄影、文字记录等方式听取当地专家、百姓介绍其文化、历史的相关知识。

　　针对当地的各方面特点进行色彩风景写生内容的采集与选择（在选择风景时应注重选择有特点，有文化传统的人文风景）。（图61~图64）

图61　　　　　　　　　　图62

图63

图64

课题 2 写生

写生要强调自我感受，重视画面结构，明确色彩关系，以体现当地鲜明的人文特征为目的。（图65~图68）

图65

图66

图67

图68

课题训练三

课题 1 经典作品的采集与归纳

　　经典作品的选择可以分为东方艺术和西方艺术两大内容。运用的手段是临摹与复制。

　　选择高质量的图片或实物进行临摹。目的是获取一个有色画面，并从各个方面体验艺术品的综合审美特征。在此基础上，可以进行色彩的归纳与进一步的设计。

　　临摹是获取完整的色彩关系的有效手段。

　　1. 临摹名家作品。这是获取完整的色彩关系的有效手段。在选择临摹作品的时候，要有色彩的倾向性和目的性。例如从色调的角度、对比色与纯色的角度等。

　　2. 选择一幅（印象派、纳比派、分离派）画家的作品，对其画面的色彩关系进行采集和归纳。可选用颜料、废旧杂志、报纸、布等材料进行拼贴或描绘。（图69~图74）

图69

图70

图71

图72

图73

图74

3. 对研究的作品撰写分析笔记。

分析研究笔记的内容有作品的背景信息分析，包括时代环境、文化背景、作者经历、作品风格特点等；还有作品的画面分析，包括材料、形式、造型结构、色彩关系等。

课题 2 写生作品的推演

写生作品是对光与色的综合表现，归纳是把设计因素、画面背后的规律提取出来，利用这些设计因素进行进一步的色彩创作与设计。

分析写生作业，将每一张色彩写生进行色彩的调整、提取、概括后重新组成新的画面。这张新的画面 以色彩关系、画面结构为主而不是以某一物体或景观为主。这张新画面是以色块间的关系、色块的表现语言的构成作为表现的主题，所以要注重平面化的画面结构，而不是某种物体的空间塑造。要求画面结构清晰、色彩关系明确。

面对人文、自然景物的写生是对客观景物的客观描绘，尽管这种客观描绘中带有作者的主观性，画面中还是体现的是接近真实的景象。而写生推演是把写生的画面元素提取与归纳，由于对原有景物具有一定的认知，就像是一次小总结，组织成新的画面，需要画面的基本元素整体设计。

图75

图76

图77

图78

艺术设计专业的学生面最终要面对设计的问题。我们对于写生的训练也在于培养学生的设计思维能力，所以写生如何与设计进行结合是必须考虑的课题。对自己写生作品的归纳与设计就是一种延伸、推演训练，把写生中的造型元素总结、提炼出设计元素运用在设计中，是这一课题设置的目的。（图75~图87）

课题 3 肌理的表现

肌理作为视觉艺术的一种基本语言形式，同色彩、线条一样具有造型和表达情感的功能。

肌理包括客观肌理和画面肌理。

所有的物体表面都会有各种纹理变化，有的光滑，有的粗糙，也有的高低不平，这种物体表面的组织纹理结构就是肌理，不同肌理会带来不同的心理感受。运用绘画材料客观地再现这些肌理呈现的视觉样貌，是重要的视觉经验积累。

画面肌理是绘画材料与表现手法相结合的产物，是作者依据自己的审美取向和对物象特质的感受，利用不同的物质材料，使用不同的工具和表现技巧创造出的一种画面的组织结构与纹理。

用肌理来表现主题是一种通过对材料的运用和模拟来创造新的视觉效果的方式。肌理的训练让学生们尝试用不同的方法表现客观色彩，在拓展表现语言、开拓思维方式上都会有较大的想象空间。

课题要求：运用纸材，自由选择处理手段对前三个课题进行肌理的表现。（图88）

尺寸：4开

材料：水粉、丙烯均可

图79

图80

图81

图82

图83

图84

图85

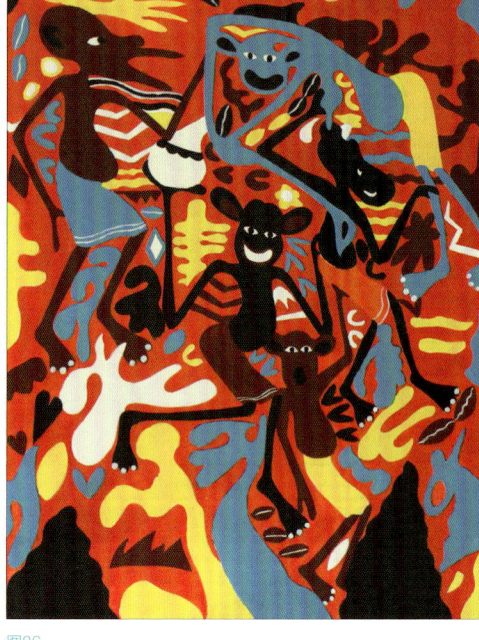

图86

图87

图88

图书在版编目（CIP）数据

色彩基础 /李峰，邓凌虹，邓后平编著. — 北京: 中国青年出版社，2012.6（2025.8重印）

中国高等院校"十二五"精品课程规划教材

ISBN 978-7-5153-0796-1

I.①色… II.①李… ②邓… ③邓… III.①色彩学—高等学校—教材 IV.①J063

中国版本图书馆CIP数据核字（2012）第103216号

侵权举报电话

全国"扫黄打非"工作小组办公室　　　中国青年出版社

010-65212870　　　　　　　　　　010-59231565

http://www.shdf.gov.cn　　　　　　E-mail: editor@cypmedia.com

中国高等院校"十二五"精品课程规划教材
色彩基础

编　　著：李峰　邓凌虹　邓后平

编辑制作：北京中青雄狮数码传媒科技有限公司
责任编辑：郭光　张军　李普曼
书籍设计：六面体书籍设计　唐棣　张旭兴
出版发行：中国青年出版社
社　　址：北京市东城区东四十二条21号
网　　址：www.cyp.com.cn
电　　话：010-59231565
传　　真：010-59231381

印　　刷：北京博海升彩色印刷有限公司
规　　格：787mm×1092mm　1/16
印　　张：8
字　　数：175千字
版　　次：2012年7月北京第1版
印　　次：2025年8月第14次印刷
书　　号：ISBN 978-7-5153-0796-1
定　　价：45.00元

如有印装质量问题，请与本社联系调换
电话: 010-59231565
读者来信: reader@cypmedia.com
投稿邮箱: author@cypmedia.com